俄罗斯

黑龙江省
Hēilóngjiāng Shěng

• 哈尔滨
Hā'ěrbīn

内蒙古自治区
Nèiměnggǔ Zìzhìqū

• 长春
Chángchūn

吉林省
Jílín Shěng

北京市
Běijīng Shì

辽宁省
Liáoníng Shěng

平和浩特
Hūhéhàotè

• 沈阳
Shěnyáng

□ 集安
Jí'ān

朝鲜

□ 大同
Dàtóng

石家庄
Shíjiāzhuāng

天津市
Tiānjīn Shì

渤海

□ 大连
Dàlián

太原
Tàiyuán

河北省
Héběi Shěng

• 济南
Jǐnán

韩国

山西省
Shānxī Shěng

山东省
Shāndōng Shěng

□ 青岛
Qīngdǎo

运城
Yùnchéng

▲ 泰山
Tàishān

洛阳
Luòyáng

• 郑州
Zhèngzhōu

□ 曲阜
Qūfù

黄海

河南省
Hénán Shěng

合肥
Héféi

江苏省
Jiāngsū Shěng

□ 扬州
Yángzhōu

苏州
Sūzhōu

湖北省
Húběi Shěng

武汉
Wǔhàn

安徽省
Ānhuī Shěng

□ 南京
Nánjīng

上海市
Shànghǎi Shì

长沙
Chángshā

• 南昌
Nánchāng

杭州
Hángzhōu

□ 绍兴
Shàoxīng

东海

湖南省
Húnán Shěng

江西省
Jiāngxī Shěng

浙江省
Zhèjiāng Shěng

福建省
Fújiàn Shěng

• 福州
Fúzhōu

台北
Táiběi

广东省
Guǎngdōng Shěng

□ 厦门
Xiàmén

台湾
Táiwān

广州
Guǎngzhōu

□ 深圳
Shēnzhèn

澳门
Àomén

• 香港
Xiānggǎng

海口
Hǎikǒu

南海

东京

★ 首都
• 省都
□ 有名都市
〜 万里の長城

わかりやすい
中国語

2023年度版

鈴木 基子
関口　勝

駿河台出版社
SURUGADAI SHUPPANSHA

音声について

本書の音声は、下記サイトより無料でダウンロード、
およびストリーミングでお聴きいただけます。

http://www.e-surugadai.com/books/isbn978-4-411-03161-7/

＊ご注意
・PC からでも、iPhone や Android のスマートフォンからでも音声を再生いただけます。
・音声は何度でもダウンロード・再生いただくことができます。
・当音声ファイルのデータにかかる著作権・その他の権利は駿河台出版社に帰属します。
　無断での複製・公衆送信・転載は禁止されています。

表紙・本文デザイン　小熊未央

2023年度　試行版　前書き

　本書は、初めて中国語を学ぶ学生が中国語の基礎力をより効果的に修得できることを目指して書きました。《中国・中国語について》、《発音編》、《会話文・文法・練習問題・新出語句》で構成されています。

　編集にあたりまして、中国語の基本構造をわかりやすく表にまとめて、視覚的に系統的に把握できるように工夫し、文法項目には、その〈肯定形〉、〈否定形〉、〈疑問形〉の例文を表示し、初学者が基本文法を容易に習得できるように心がけました。

　《会話文》は覚えてすぐに日常で活用できるように、という考えから、なるべくやさしく、短くしました。また各課の《会話文》に簡体字と繁体字を併記しました。

　世界各地のチャイナタウンでは、繁体字使用の歴史が長く、華人が世界中で活躍する時代です。華人との交流を通し、その背景となる中国文化を深く理解するには、簡体字だけではなく繁体字にも触れる必要性を強く感じたからです。さまざまな情報が錯綜する世の中で、繁体字を用いる華人からの情報も貴重なものです。東京の電車の車内ニュースや駅の案内表示も、今や多言語表記になりました。

　そのほか《練習問題》は、力試しとして用意したもので、リスニングをとりいれるなど中国語の各種資格試験にも対応できるように工夫しておりますので、用途に合わせてご活用いただければ幸いです。また本書は《本文・文法・練習問題》を録音した音声データを準備しました。聴力向上の手助けとなれば幸いです。

　英語だけでなく、国連公用語のひとつで隣国の言語である中国語を学ぶことは、日常生活においても、平和のためにも必要なことでしょう。本書で基本を身に付け、ささやかながら草の根の民間交流に役立つことができればうれしく思います。

　なお、本書は1995年４月に駿河台出版社より刊行されました『わかりやすい初級中国語文法』（鈴木達也ほか著）をもとに、鈴木達也先生（元亜細亜大学、筑波大学）のお考えを継承しつつ、執筆しました。

　本書の執筆にあたり熊進先生（NHK 国際放送局アナウンサー、早稲田大学講師）には、全面的なチェックをお願いすると同時に有益なご助言をたくさんいただきました。また本間直人先生（日本大学講師）には単語の整理をお願い致しました。心より感謝申し上げます。

　最後に刊行にあたりまして、駿河台出版社社長井田洋二氏、編集部の浅見忠仁氏には言葉では言い尽くせぬほどお世話になりました。本当にありがとうございました。

　なお、2023年度は《試行版》として主に日本大学経済学部で使用し、2024年度の正式出版を目指します。皆様の忌憚なきご感想、ご意見をいただけましたら幸いです。

2022年　師走

著者一同

◆ 目　次 ◆

2023年　前期

入門中国語

中国・中国語について

★中国に親しみましょう！

1. （ ①明 ②宋 ③唐 ）の高僧鑑真の建てたお寺が（ ①京都 ②奈良 ）にある（ ①唐招提寺 ②万福寺 ）である。

2. 中国語は国連の公用語のひとつである。（ ①はい ②いいえ ）

3. 中国には漢民族以外に（ ①45 ②55 ③60 ）の少数民族がおり、中国全人口の１割弱を占める。一番多いのは（ ①朝鮮族 ②蒙古族 ③チベット族 ④チワン族 ）である。

4. 中国の首都は（ ①南京 ②上海 ③北京 ④西安 ）である。

5. 北京の緯度は（ ①函館市 ②名古屋市 ③秋田市 ④神戸市 ）とほぼ同じである。

6. 中国の人口は約（ ①10億 ②12億 ③14億 ）である。

7. 中国の面積は日本の約（ ①10倍 ②25倍 ③35倍 ）である。

8. 中華人民共和国の成立は（ ①1950年 ②1945年 ③1949年 ）である。

9. 1911年の辛亥革命は（ ①毛沢東 ②蔣介石 ③孫文 ）によって起こされた。

10. 香港の地元の生活言語は、（ ①モンゴル語 ②ウイグル語 ③上海語 ④広東語 ）である。

11. 華僑・華人の人口は、約（ ①5000万人から１億 ②２億以上 ③３億 ）である。

12. 愛新覚羅溥傑（満州国皇帝愛新覚羅溥儀の弟）の妻は、（ ①満州族 ②日本人皇族 ③ロシア人 ）嵯峨浩である。

13. 香港が中華人民共和国に返還されたのは（ ①2000年 ②1997年 ③1999年 ）である。マカオは（ ①2000年 ②1997年 ③1999年 ）である。

14. 日中国交正常化は、（ ①1972年 ②1960年 ③1978年 ）に田中角栄首相によってなされた。

15. 日中平和友好条約の締結は（ ①1978年 ②1980年 ③1972年 ）である。

★中国語について

1 "中国語""漢語""普通話"

　中国は人口約14億を有する多民族国家ですが、総人口の約90％は、漢民族から構成されています。「中国語」とは漢民族の使用している言葉を指しており、中国では「漢語」"汉语"（Hànyǔ）と呼ばれています。広大な国土（日本の約25倍）の中国には、広東語、上海語など多くの方言が存在し、それぞれが地域の言葉を話した場合、中国人の間でも意思の疎通を図ることができない場合があります。そこで長年の検討を経て、"普通话"（pǔtōnghuà）と呼ばれる共通語が制定され、今では全国的に普及しており、一定の教育を受けた人たちはこの"普通话"を話すことができます。

　"普通话"とは、「普（あまね）く通じる言葉」という意味で、①発音は北京語音による、②語彙は北方方言を基礎とする、③文法は典型的な現代口語文の著作による、という基準が設けられています。みなさんがこれから学ぶのも"普通话"です。

2 ピンイン字母

　"普通话"を全国的に普及させるために考案されたのがローマ字による中国語表記法です。中国ではピンイン字母"拼音字母"（pīnyīn zìmǔ）と呼ばれ、日本ではピンインと呼ばれています。中国語を学ぶ際には、必ず習得しなければなりません。ピンインは、表記、読み方に独特な規則があり、英語や日本式のローマ字などとは異なるため、十分に注意をしなければなりませんが、決して難しくはありません。まず繰り返し発音の練習をして、ピンインの規則を習得しましょう。

3 漢字について

　現在中国では、簡体字"简体字"（jiǎntǐzì）と呼ばれる簡略化された漢字が使われており、これが正式な文字となっています。この簡体字の中には、日本の漢字と字形が一致するものもありますが、下の表に示されているように元の字形が想像しがたいものもあります。また台湾や香港では現在も繁体字"繁體字"（fántǐzì）という簡略される前の伝統的な字体が使われています。

日本漢字	簡体字	繁体字
華	华	華
聴	听	聽
写	写	寫
雑	杂	雜
広	广	廣

発音編

　現代中国語の音節も他の言語と同じように母音"韻母（yùnmǔ）"と子音"声母（shēngmǔ）"から構成されており、母音は35、子音は21ある。母音は単母音、複合母音、及び鼻母音からなり、それぞれ独立した音として機能する。それぞれの音節は、①母音 ②複母音 ③子音＋母音のいずれかである。子音だけでは音節は構成されない。

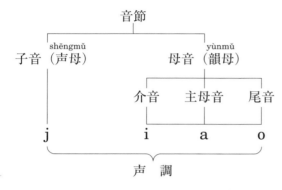

★介音とは、母音の中で主母音の前にある母音。

（1）ひとつの漢字を発音するために、原則として、ひとつの音節と声調を用いる。

（2）音節の総数は400余種（☞ PP26-28。音節表参照）、声調をかぶせた音節の合計数はおよそ1300種となる。

（3）主母音となるのは、a・o・e・i・u・ü・i [ɿ]・-i [ʅ]・er

（4）介音となるのは、i・u・ü

（5）尾音となるのは、i・u・o・n・ng

（6）声調記号は、主母音の上につける。

（7）a・o・eで始まる音節が他の音節の後ろに続く場合は、その間に隔音符号（'）を用いて切れ目をはっきりさせる。例えば、píng'ān（平安），liàn'ài（恋愛）

★〔　〕内はIPA（国際音声字母）による表記。

中国語は代表的な声調言語（tone language）のひとつで、"普通話"ではそれぞれの音節ごとに4種類の声調がある。これを"四声"と呼んでいる。"四声"は、意味を区別する重要な役割を担っている。

🎧 001

第一声	第二声	第三声	第四声
ā	á	ǎ	à

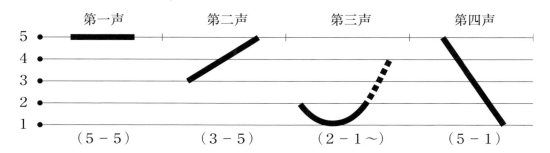

		声調記号	例
第一声	高く平らにのばす	─	ā
第二声	一気にパッと上げる	／	á
第三声	低く抑えてから音尾を軽く上げる	∨	ǎ
第四声	一気に下降させる	＼	à

声調記号のつけ方

1．母音が1つだけの場合は、その上につける。
2．複合母音の場合は、
    （1）a の上に
    （2）a がなければ e か o の上に、
    （3）-iu・-ui は後の上につける。
3．i の上に記号をつける場合は、i の上の点を取って yī・mí・lǐ・xì のようにつける。

【練習1】 次のピンインを声調に注意して発音しましょう。

🎧 002（1）   ā   á   ǎ   à

🎧 003（2）   mā   má   mǎ   mà
             妈   麻   马   骂
      （お母さん）（痺れる）（馬）（罵る）

🎧 004（3）Māma mà mǎ.
       妈妈 骂 马。

🎧 005（4）Mǎ mà māma.
       马 骂 妈妈。

【練習２】　音声を聞いて、声調記号をつけましょう。

🎧 006 （1） a　　　a　　　a　　　a

🎧 007 （2） a　　　a　　　a　　　a

🎧 008 （3） ma　　　ma　　　ma　　　ma

🎧 009 （4） ma　　　ma　　　ma　　　ma

3　単母音

<table>
<tr><td colspan="7">a　　o　　e　　i　　u　　ü　　er</td><td>🎧 010</td></tr>
<tr><td colspan="7">（yi）（wu）（yu）</td><td></td></tr>
</table>

★（　）内は前に子音がなく、母音だけで音節をなす場合の綴り。辞書はもちろん、漢字の音はすべてこの文字表記を用いる。

●単母音の発音要領●

a　日本語の「ア」よりも口を大きくあけ、はっきりと発音する。

o　日本語の「オ」よりも唇を丸くして発音する。

e　唇を半開きにしてやや左右に引き、日本語の「エ」の口の形をして「オ」と発音する。

i　日本語の「イ」よりも唇を左右に強く引いて発音する。

u　日本語の「ウ」よりも唇を丸くし前へ突き出して発音する。

ü　唇を丸くすぼめ、前へ突き出して「イ」と発音する。

er　あいまいな「ア」を発音しながら、舌先を丸めて「ル」と発音する。

　　接尾辞（後置成分）として他の音節に続く場合は、「r」だけ綴る。（P23参照）

【練習１】

［１］次のピンインを発音してみましょう。

🎧 011 （1） a:　　　ā　　　　á　　　　ǎ　　　　à

🎧 012 （2） o:　　　ō　　　　ó　　　　ǒ　　　　ò

🎧 013 （3） i:　　　yī　　　yí　　　yǐ　　　yì

🎧 014 （4） u:　　　wū　　　wú　　　wǔ　　　wù

🎧 015 （5） ü:　　　yū　　　yú　　　yǔ　　　yù

🎧 016 （6） er:　　ér　　　ěr　　　èr

🎧 017 （7） e:　　　ē　　　　é　　　　ě　　　　è

★ er は「現代中国語」に第一声の文字はない。

［2］次のピンインを声調に注意して発音してみましょう。

018（1）á　　è　　　ér　　yù

019（2）yí　　yī　　yù　　yǔ

020（3）é　　è　　　ō　　ó

021（4）yǐ　　wú　　yǔ　　ò

022（5）ěr　　è　　　ér　　è

【練習2】　音声を聞いて、声調記号をつけましょう。　023

　　　　a　　o　　e　　yi　　wu　　yu　　er

4　子　音

（1）子音表　024

	無気音	有気音		
唇　音	b (o)	p (o)	m (o)	f (o)
舌尖音	d (e)	t (e)	n (e)	l (e)
舌根音	g (e)	k (e)	h (e)	
舌面音	j (i)	q (i)	x (i)	
捲舌音	zh (i)	ch (i)	sh (i)	r (i)
舌歯音	z (i)	c (i)	s (i)	

★（　）内は各子音を発音する時の代表的子音。

★zh・ch・sh・r および z・c・s の後の "-i" [ʅ][ɿ] は、特別母音と言って単母音の "i [i]" とは異なる。
　子音 zh, ch, sh, r の後の -i [ʅ] は舌先をそらせたまま「イ」と発音し、z, c, s のあとの -i [ɿ] は唇を横に引いて上下の歯をつけて「ウ」と発音する。

（2）無気音と有気音

無気音
bo

破裂を弱くし、息をおさえて発音する。例えば、bo ならば、日本語の「しっぽ」の「ぽ」を発音する要領で発音する（顔の前の紙は揺れない）

有気音
po

破裂を強くし、息を強く一気に吐き出すように発音する。例えば、po ならば、日本語の「ポテト」の「ポ」を発音する要領で発音する（顔の前の紙は揺れる）

★"普通话" には原則として濁音はないので注意しなければならない。

【練習３】

[１] 無気音・有気音の区別に注意して発音してみましょう。

🎧 025 （１） b：p　　bà 爸—pà 怕　　　　　　bǐ 笔—pǐ 匹

🎧 026 （２） d：t　　dī 低—tī 踢　　　　　　dù 肚—tù 兔

🎧 027 （３） g：k　　gē 歌—kē 科　　　　　　gǔ 骨—kǔ 苦

🎧 028 （４） j：q　　jī 鸡—qī 七　　　　　　jí 急—qí 骑

🎧 029 （５） z：c　　zì 字—cì 次　　　　　　zū 租—cū 粗

[２] 声調に注意して発音してみましょう。

唇音　b　p　m　f

🎧 030 （１） bā 八　　　　pà 怕　　　　mā 妈　　　fā 发

🎧 031 （２） bó 博　　　　pó 婆　　　　mò 墨　　　fó 佛

舌尖音　d　t　n　l

🎧 032 （１） dé 德　　　　tè 特　　　　ne 呢　　　lè 乐

🎧 033 （２） dà 大　　　　tā 他　　　　nà 那　　　lā 拉

舌根音　g　k　h

🎧 034 （１） gē 哥　　　　kě 渴　　　　hē 喝

🎧 035 （２） gù 故　　　　kū 哭　　　　hǔ 虎

舌面音　j　q　x

🎧 036 （１） jǐ 几　　　　qì 气　　　　xǐ 洗

🎧 037 （２） jù 剧　　　　qù 去　　　　xǔ 许

そり舌音　zh　ch　sh　r

🎧 038 （１） zhī 只　　　chí 迟　　　shī 诗　　　rì 日

🎧 039 （２） zhū 猪　　　chú 除　　　shū 书　　　rù 入

舌歯音　z　c　s

🎧 040 （１） zī 资　　　　cí 词　　　　sī 私

🎧 041 （２） zá 杂　　　　cā 擦　　　　sǎ 洒

［３］次の中国語を無気音"b"と有気音"p"に注意して発音してみましょう。

042 （１） Bàba de bàba pà bàba de māma,
爸爸 的 爸爸 怕 爸爸 的 妈妈，

Bàba de māma pà māma de bàba.
爸爸 的 妈妈 怕 妈妈 的 爸爸。

043 （２） Māma de bàba pà māma de māma,
妈妈 的 爸爸 怕 妈妈 的 妈妈，

Māma de māma pà bàba de bàba.
妈妈 的 妈妈 怕 爸爸 的 爸爸。

（３）捲舌音（そり舌音）

zh
[tʂ]

ch
[tʂʻ]

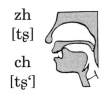

zh (i) ch (i) 044

ji 音を発音し終わった位置から舌を少し後ろに引くと、舌はスプーン状にそりかえる。この舌の位置を固定し、舌先を上顎にしっかり当てて「チ」を発音する。息をおさえて発音すれば zh になり、息を勢いよく出しながら発音すれば ch になる。

sh
[ʂ]

sh (i) r (i) 045

そり上げた舌先を上顎につけずその間から息を摩擦させ「シ」音を発音すれば sh になり、同じ要領で声帯を振動させて「リ」音を発音すれば r になる。

r
[ʐ]

【練習４】 捲舌音（そり舌音）に注意して発音してみましょう。

046 （１） zhī 知 chī 吃 shī 师 rì 日

047 （２） zhīshi 知识 zhīchí 支持 shìshí 事实 rìshí 日食

048 （３） Sì shì sì, shí shì shí.
四是四，十是十。

Shísì shì shísì, sìshí shì sìshí.
十四 是 十四，四十 是 四十。

5 複合母音

（1）二重母音 🎧 049

強弱型	ai	ei	ao	ou	
弱強型	ia	ie	ua	uo	üe
	(ya)	(ye)	(wa)	(wo)	(yue)

（2）三重母音 🎧 050

弱強弱型	iao	i⟨o⟩u	uai	u⟨e⟩i
	(yao)	(you)	(wai)	(wei)

★（ ）内は前に子音がつかない時の綴り。

★前に子音がついた時は〈 〉内を省略して綴る。

例：-iou の前に子音がある時は、iu とつづる。例：q-iou ⇨ qiu 　　j-iou ⇨ jiu

　　-uei の前に子音がある時は、ui とつづる。例：g-uei ⇨ gui 　　k-uei ⇨ kui

【練習5】

声調に注意して発音してみましょう。

［1］

🎧 051（1）ài 爱　　　èi 欸　　　ào 奥　　　ōu 欧

🎧 052（2）hǎi 海　　　mèi 妹　　　bǎo 宝　　　tóu 头

🎧 053（3）mǎi 买　　　běi 北　　　māo 猫　　　gǒu 狗

［2］

🎧 054（1）yā 鸭　　　yè 叶　　　wá 娃　　　wǒ 我　　　yuè 月

🎧 055（2）jiā 家　　　qié 茄　　　huā 花　　　shuō 说　　　xué 学

🎧 056（3）xiā 虾　　　tiě 铁　　　guà 挂　　　zhuō 桌　　　què 确

［3］

🎧 057（1）yào 药　　　yǒu 有　　　wài 外　　　wěi 伟

🎧 058（2）niǎo 鸟　　　liù 六　　　guāi 乖　　　guì 贵

🎧 059（3）xiǎo 小　　　niú 牛　　　huài 坏　　　shuí 谁

［4］

🎧 060（1）liú 留　　　jiǔ 久　　　qiū 秋　　　xiù 秀

🎧 061（2）jiù 就　　　xiū 休　　　liǔ 柳　　　diū 丢

［5］

🎧 062（1）guī 归　　　kuī 亏　　　huí 回　　　suì 岁

🎧 063（2）zhuī 追　　　chuī 吹　　　shuí 谁　　　ruì 锐

【練習6】 数の数え方を覚えましょう！ 064

yī〔一〕

èr〔二〕

sān〔三〕

sì〔四〕

wǔ〔五〕

liù〔六〕

qī〔七〕

bā〔八〕

jiǔ〔九〕

shí〔十〕

6 　鼻母音 "-n"・"-ng" を伴う母音

065

| an en ang eng ong |

| ian | in | iang | ing | iong |
| (yan) | (yin) | (yang) | (ying) | (yong) |

| uan | u〈e〉n | uang | ueng |
| (wan) | (wen) | (wang) | (weng) |

| üan | ün |
| (yuan) | (yun) |

★ -ong は独立した音節とはならず、必ず子音と結びついて用いられる。

★ ueng は子音を伴うことはないので weng の形で覚える。

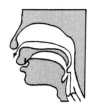

-n
[n]

「アンナイ（案内)」の「ン」のように、舌先を上の歯茎にピッタリつけたまま息を鼻に通して発音する。

-ng
[ŋ]

「アンガイ（案外)」の「ン」のように、舌先はどこにもつけず、舌の付け根を持ち上げて、息を鼻から強く抜くように発音する。

【練習7】　鼻母音"-n"・"-ng"の違いに注意して発音してみましょう。

066 ［1］ an　ang

（1）bān 班—bāng 帮　　　　（2）pàn 盼—pàng 胖

（3）kàn 看—kàng 抗　　　　（4）fàn 饭—fàng 放

067 ［2］ en　eng

（1）pén 盆—péng 朋　　　　（2）chén 陈—chéng 程

（3）bēn 奔—bēng 崩　　　　（4）sēn 森—shēng 声

068 ［3］ in　ing

（1）mín 民—míng 名　　　　（2）yīn 音—yīng 英

（3）jīn 金—jīng 京　　　　（4）qín 琴—qíng 情

069 ［4］ ian　iang

（1）qián 钱—qiáng 墙　　　　（2）nián 年—niáng 娘

（3）xiān 先—xiāng 香　　　　（4）jiǎn 简—jiǎng 讲

070 ［5］ uan　uang

（1）guān 观—guāng 光　　　　（2）wán 完—wáng 王

（3）zhuān 专—zhuāng 装　　　　（4）chuán 传—chuáng 床

071 ［6］ uen　ueng

（1）wēn 温—wēng 翁

【練習8】　次のピンイン "un" の読み方に注意して発音してみましょう。

072　［1］（1）dūn 吨　　（2）tūn 吞　　（3）lún 轮
　　　　　　（4）gùn 棍　　（5）kùn 困　　（6）hún 魂

073　［2］（1）zhǔn 准　　（2）chūn 春　　（3）rùn 润
　　　　　　（4）zūn 尊　　（5）cūn 村　　（6）sūn 孙

【練習9】　次のピンイン "un" と "iong" の読み方に注意して発音してみましょう。

074　［1］（1）jūn 军　　（2）qún 裙　　（3）xún 寻　　（4）yùn 运
075　［2］（1）jiǒng 窘　　（2）qióng 穷　　（3）xióng 熊　　（4）yòng 用

【練習10】　挨拶言葉を覚えましょう！

076　❶ Nǐ hǎo.
　　　你 好。　こんにちは。

　　　Nín zǎo.
　　　您 早。　おはようございます。

077　❷ Duìbuqǐ.
　　　对不起。　すみません。

　　　Méi guānxi.
　　　没 关系。　大丈夫です。

078　❸ Xièxie nín.
　　　谢谢 您。　ありがとうございます。

　　　Bú xiè.
　　　不 谢。　どういたしまして。

079　❹ Zàijiàn.
　　　再见。　さようなら。

　　　Míngtiān jiàn.
　　　明天 见。　明日また会いましょう。

（1）第三声の声調変化

🎧080 ①第三声＋第三声⇨第二声＋第三声

Nǐ hǎo ⇨ ní hǎo   yǒuhǎo ⇨ yóuhǎo
你　好　　　　　　　　友好

dǎ sǎo ⇨ dá sǎo   lǐxiǎng ⇨ líxiǎng
打　扫　　　　　　　　理想

★実際に発音する時は「第二声」で発音する。声調記号は、もとのまま第三声の記号「ˇ」を書く。

🎧081 ②第三声＋{ 第 一・二・四・軽 声 } ⇨ 半三声 ＋{ 第 一・二・四・軽 声 }

lǎoshī　Měiguó　kǎoshì　yǐzi
老师　　美国　　考试　　椅子

huǒchē　xiǎoxué　wǎngluò　zǎoshang
火车　　小学　　网络　　　早上

★半三声は第三声の前半の低い部分のみを発音し、次の音節に移る。声調記号は、もとのまま第三声の記号「ˇ」を書く。

（2）"一 yī"の声調変化

🎧082 ①"一 yī"＋{ 第 四・軽 声 } ⇨ 第二声 ＋{ 第 四・軽 声 }

yī wàn ⇨ yí wàn　　yī yàng ⇨ yí yàng　　yī ge ⇨ yí ge
一万　　　　　　　　一样　　　　　　　　一个

🎧083 ②"一 yī"＋{ 第 一・二・三 声 } ⇨ 第四声 ＋{ 第 一・二・三 声 }

yī qiān ⇨ yì qiān　　yī nián ⇨ yì nián　　yī bǎi ⇨ yì bǎi
一千　　　　　　　　一年　　　　　　　　一百

🎧084 ③順序・順番を表す時は変化しない。

yī yuè　　yī lóu　　dì yī kè　　yī niánjí
一月　　　一楼　　　第一课　　　一年级

🎧085（3）"不"の声調変化

"不 bù" ＋ 第四声 ⇨ 第二声 ＋ 第四声

bù kàn → bú kàn   bù yòng → bú yòng
不　看　　　　　　不　用

bù xiè → bú xiè   bù kèqi → bú kèqi
不　谢　　　　　　不　客气

★声調の変化だけでなく、声調記号も第二声の記号「ˊ」を書く。

8　"r" 化音

単語の末尾音節の語尾で舌をそらし、軽く「ル」を発音する。このように語尾が「そり舌化」した音をr化音（アル化音／アール化音）という。漢字表記は末尾に儿を付け、ピンイン表記は、rを付ける。

🎧086 ① 〈-a，-o，-e，-u〉＋ r：そのまま r を添える

　例　mǎ → mǎr　　gē → gēr
　　　马　马儿　　哥　哥儿

🎧087 ② 〈単母音 -i・-ü〉＋ r：er を添える

　例　jī → jīr → jiēr　　yú → yúr → yuér
　　　鸡　鸡儿　　　　　鱼　鱼儿

🎧088 ③ 〈-ai，-ei，-an，-en〉＋ r：i や n を発音しない

　例　wán → wánr → wár　　xiǎohái → xiǎoháir → xiǎohár
　　　玩　玩儿　　　　　　小孩　　小孩儿

🎧089 ④ 〈-in，-un，-ün，-ui〉＋ r：n，i を発音せず er を添える

　例　qún → qúnr → quér　　xìn → xìnr → xìr
　　　裙　裙儿　　　　　　信　信儿

🎧090 ⑤ 〈-ng〉＋ r：ng を発音せず、その前の母音を鼻音化する

　例　máng → mángr → mǎr　　kòng → kòngr → kǒr
　　　忙　忙儿　　　　　　　空　空儿

　★～は鼻音化を表す記号である。

🎧091 ⑥ 〈-ie，-üe，特別母音 -i〉＋ r：e，i を発音せず er を添える

　例　shì → shìr → shèr　　zì → zìr → zèr
　　　事　事儿　　　　　　字　字儿

9　軽　声

軽声は本来の声調を失った音で、軽く、短く発音する。声調符号はつけない。

🎧 092

gēge	yéye	jiějie	bàba
哥哥	爷爷	姐姐	爸爸
yīfu	mántou	lǎolao	kuàizi
衣服	馒头	姥姥	筷子

10　声調の組み合わせ

（1）🎧 093

1声＋1声	fēijī 飞机	xiāngjiāo 香蕉	kāfēi 咖啡
1声＋2声	Zhōngguó 中国	Yīngguó 英国	shuāyá 刷牙
1声＋3声	Dōngběi 东北	fāngfǎ 方法	fābiǎo 发表
1声＋4声	jīdàn 鸡蛋	bāngzhù 帮助	fānyì 翻译

（2）🎧 094

2声＋1声	míngtiān 明天	máojīn 毛巾	guójiā 国家
2声＋2声	páiqiú 排球	lánqiú 篮球	zúqiú 足球
2声＋3声	niúnǎi 牛奶	yóuyǒng 游泳	cídiǎn 词典
2声＋4声	xuéxiào 学校	zázhì 杂志	yóupiào 邮票

（3）🎧 095

3声＋1声	měitiān 每天	zǎocān 早餐	bǐnggān 饼干
3声＋2声	bǐmíng 笔名	wǎngqiú 网球	wěiyuán 委员
3声＋3声	xiǎoyǔ 小雨	guǎngchǎng 广场	shǒubiǎo 手表
3声＋4声	bǐsài 比赛	zǎofàn 早饭	shǔjià 暑假

（4）🎧 096

4声＋1声	miànbāo 面包	xiàbān 下班	mùbiāo 目标
4声＋2声	bàngqiú 棒球	miàntiáo 面条	wèntí 问题
4声＋3声	Shànghǎi 上海	Rìběn 日本	diànnǎo 电脑
4声＋4声	zàijiàn 再见	qìxiàng 气象	hùzhào 护照

（5）🎧 097

1声＋軽声	xiānsheng 先生	桌子 zhuōzi	dōngxi 东西
2声＋軽声	bízi 鼻子	行李 xíngli	péngyou 朋友
3声＋軽声	běnzi 本子	奶奶 nǎinai	nuǎnhuo 暖和
4声＋軽声	àiren 爱人	爸爸 bàba	piàoliang 漂亮

【練習】　簡単な会話を覚えましょう！

🎧 098 ❶ Nín guìxìng?
　　　您　贵姓？　　お名前は。
　　　Wǒ xìng Wú.
　　　我　姓　吴。　　呉と申します。

🎧 099 ❷ Nǐ jiào shénme míngzi?
　　　你　叫　什么　名字？　　お名前は何とおっしゃいますか。
　　　Wǒ jiào Wú Zōngmíng.
　　　我　叫　吴　宗铭。　　私は呉宗銘と申します。

🎧 100 ❸ Qǐng duō guānzhào.
　　　请　多　关照。　　どうぞよろしくお願いします。
　　　Bǐcǐ, bǐcǐ.
　　　彼此，彼此。　　こちらこそ。

🎧 101 ❹ Huānyíng, huānyíng.
　　　欢迎，　欢迎。　　ようこそ。

🎧 102 ❺ Hǎojiǔ bú jiàn.
　　　好久　不　见。　　お久しぶりです。

🎧 103 ❻ Tài máfan nín le.
　　　太　麻烦　您　了。　　ご面倒をおかけします。

🎧 104 ❼ Nǐ xīnkǔ le.
　　　你　辛苦　了。　　ご苦労様でした。

🎧 105 ❽ Wǒ gāi zǒu le.
　　　我　该　走　了。　　そろそろ失礼します。

🎧 106 ❾ Qǐng duō zhǐjiào.
　　　请　多　指教。　　ご指導のほどよろしくお願いします。

🎧 107 ❿ Huítóu jiàn.
　　　回头　见。　　またあとで。

中国語音節表

声母（子音）＼韻母（母音）	①（介音なし）														
	a	o	e	ê	er	-i	ai	ei	ao	ou	an	en	ang	eng	ong
	[A]	[o]	[ɤ]	[ɛ]	[ə]	[ɿ][ʅ]	[ai]	[ei]	[ɑu]	[ou]	[an]	[ən]	[ɑŋ]	[əŋ]	[uŋ]
ゼロ声母	a	o	e	ê	er(-r)			ai	ei	ao	ou	an	en	ang	eng	
b [p] 両唇音	ba	bo					bai	bei	bao		ban	ben	bang	beng	
p [p']	pa	po					pai	pei	pao	pou	pan	pen	pang	peng	
m [m]	ma	mo	me				mai	mei	mao	mou	man	men	mang	meng	
f [f] 唇歯音	fa	fo						fei		fou	fan	fen	fang	feng	
d [t] 舌尖音	da		de				dai	dei	dao	dou	dan	den	dang	deng	dong
t [t']	ta		te				tai		tao	tou	tan		tang	teng	tong
n [n]	na		ne				nai	nei	nao	nou	nan	nen	nang	neng	nong
l [l]	la	lo	le				lai	lei	lao	lou	lan		lang	leng	long
g [k] 舌根音	ga		ge				gai	gei	gao	gou	gan	gen	gang	geng	gong
k [k']	ka		ke				kai	kei	kao	kou	kan	ken	kang	keng	kong
h [x]	ha		he				hai	hei	hao	hou	han	hen	hang	heng	hong
j [tɕ] 舌面音															
q [tɕ']															
x [ɕ]															
zh [tʂ] 捲舌音	zha		zhe			zhi	zhai	zhei	zhao	zhou	zhan	zhen	zhang	zheng	zhong
ch [tʂ']	cha		che			chi	chai		chao	chou	chan	chen	chang	cheng	chong
sh [ʂ]	sha		she			shi	shai	shei	shao	shou	shan	shen	shang	sheng	
r [ʐ]			re			ri			rao	rou	ran	ren	rang	reng	rong
z [ts] 舌歯音	za		ze			zi	zai	zei	zao	zou	zan	zen	zang	zeng	zong
c [ts']	ca		ce			ci	cai		cao	cou	can	cen	cang	ceng	cong
s [s]	sa		se			si	sai		sao	sou	san	sen	sang	seng	song

単母音の i と異なる点に注意

n と ng との違いに注意

中国語音節表

声母（子音）＼韻母（母音）			②（介音 i）									
			i	ia	ie	iao	iou -iu	ian	in	iang	ing	iong
			[i]	[ia]	[iɛ]	[iɑu]	[iᵒu]	[iɛn]	[in]	[iɑŋ]	[iŋ]	[yuŋ]
ゼ ロ 声 母			yi	ya	ye	yao	you	yan	yin	yang	ying	yong
唇音	両唇音	b [p]	bi		bie	biao		bian	bin		bing	
		p [p']	pi		pie	piao		pian	pin		ping	
		m [m]	mi		mie	miao	miu	mian	min		ming	
	唇歯音	f [f]										
舌尖音		d [t]	di	dia	die	diao	diu	dian			ding	
		t [t']	ti		tie	tiao		tian			ting	
		n [n]	ni		nie	niao	niu	nian	nin	niang	ning	
		l [l]	li	lia	lie	liao	liu	lian	lin	liang	ling	
舌根音		g [k]										
		k [k']										
		h [x]										
舌面音		j [tɕ]	ji	jia	jie	jiao	jiu	jian	jin	jiang	jing	jiong
		q [tɕ']	qi	qia	qie	qiao	qiu	qian	qin	qiang	qing	qiong
		x [ɕ]	xi	xia	xie	xiao	xiu	xian	xin	xiang	xing	xiong
捲舌音		zh [tʂ]										
		ch [tʂ']										
		sh [ʂ]										
		r [ʐ]										
舌歯音		z [ts]										
		c [ts']										
		s [s]										

声母（頭子音）がつかない場合の表記法

a の発音に注意

消える o に注意

27

中国語音節表

声母（子音）			③（介音 u）									④（介音 ü）			
韻母（母音）			u	ua	uo	uai	uei -ui	uan	uen -un	uang	ueng	ü	üe	üan	ün
			[u]	[ua]	[uo]	[uai]	$[u^on]$	[uan]	$[u^on]$	[uaŋ]	[uəŋ]	[y]	[yɛ]	[yan]	[yn]
ゼロ声母			wu	wa	wo	wai	wei	wan	wen	wang	weng	yu	yue	yuan	yun
唇音	両唇音	b [p]	bu												
		p [p']	pu												
		m [m]	mu												
	唇歯音	f [f]	fu												
舌尖音		d [t]	du		duo		dui	duan	dun						
		t [t']	tu		tuo		tui	tuan	tun						
		n [n]	nu		nuo			nuan				nü	nüe		
		l [l]	lu		luo			luan	lun			lü	lüe		
舌根音		g [k]	gu	gua	guo	guai	gui	guan	gun	guang					
		k [k']	ku	kua	kuo	kuai	kui	kuan	kun	kuang					
		h [x]	hu	hua	huo	huai	hui	huan	hun	huang					
舌面音		j [tɕ]										ju	jue	juan	jun
		q [tɕ']										qu	que	quan	qun
		x [ɕ]										xu	xue	xuan	xun
捲舌音		zh [tʂ]	zhu	zhua	zhuo	zhuai	zhui	zhuan	zhun	zhuang					
		ch [tʂ']	chu	chua	chuo	chuai	chui	chuan	chun	chuang					
		sh [ʂ]	shu	shua	shuo	shuai	shui	shuan	shun	shuang					
		r [ʐ]	ru	rua	ruo		rui	ruan	run						
舌歯音		z [ts]	zu		zuo		zui	zuan	zun						
		c [ts']	cu		cuo		cui	cuan	cun						
		s [s]	su		suo		sui	suan	sun						

声母（頭子音）がつかない場合の表記法

 üの‥省略

消えるeに注意

消えるeに注意

消えるüの点に注意

Nǐ   shì   Rìběnrén   ma?
你 是 日本人 吗?

会 話

簡体字

Nǐ   shì   Rìběnrén   ma?
A: 你 是 日本人 吗?

Shì. Wǒ shì   Rìběnrén.
B: 是。我 是 日本人。

Tāmen yě   shì   Rìběnrén   ma?
A: 他们 也 是 日本人 吗?

Bú   shì. Tāmen dōu   shì   Zhōngguórén.
B: 不 是。他们 都 是 中国人。

〈写真を見ながら〉

Tā shì shéi(shuí)?
A: 她 是 谁?

Shì wǒ   jiějie.
B: 是 我 姐姐。

Zhè shì bu shì nǐ   gēge?
A: 这 是 不 是 你 哥哥?

Bú shì zhè shì wǒ   dìdi.
B: 不 是，这 是 我 弟弟。

繁體字

Nǐ   shì   Rìběnrén   ma?
A: 你 是 日本人 嗎?

Shì. Wǒ shì   Rìběnrén.
B: 是。我 是 日本人。

Tāmen yě   shì   Rìběnrén   ma?
A: 他們 也 是 日本人 嗎?

Bú   shì. Tāmen dōu   shì   Zhōngguórén.
B: 不 是。他們 都 是 中国人。

〈写真を見ながら〉

Tā shì shéi(shuí)?
A: 她 是 誰?

Shì wǒ   jiějie.
B: 是 我 姐姐。

Zhè shì bu shì nǐ   gēge?
A: 這 是 不 是 你 哥哥?

Bú shì zhè shì wǒ   dìdi.
B: 不 是，這 是 我 弟弟。

1　人称代名詞

 109

	一人称	二人称	三人称
単数	wǒ 我	nǐ・nín 你・您	tā・tā・tā 他・她・它
複数	wǒmen・zánmen 我们・咱们	nǐmen 你们	tāmen・tāmen・tāmen 他们・她们・它们

★"您"は"你"の丁寧な言い方。
★"咱们"は聞き手を含めて「わたしたち」と言う時に使う。
★"它"は人以外の動物や事物を指す。

2　指示代名詞

 110

近称	遠称	疑問
zhè 这	nà 那	nǎ 哪

これ	それ	あれ	どれ

3　"是"述語文

　"是"は動詞に分類されるが、動作・行為を表す一般の動詞とは異なり、主語について「〜である」という判断、説明、断定を表す。

（1）肯定形と否定形　111

主語	述語		
	否定詞	動詞"是"	目的語
Zhè / Nà 这 / 那	*	shì 是	diànnǎo. 电脑。
Wǒ / Nǐ 我 / 你	bú 不	shì 是	Rìběnrén. 日本人。
Tāmen 他们 / 她们	bú 不	shì 是	liúxuéshēng. 留学生。

（2）疑問形
①"吗"疑問文　112

主語	述語		
	動詞"是"	目的語	疑問助詞
Zhè / Nà 这 / 那	shì 是	shūbāo 书包	ma? 吗?
Nǐ / Tā 你 / 他	shì 是	Rìběnrén 日本人	ma? 吗?
Tāmen 他们 / 她们	shì 是	liúxuéshēng 留学生	ma? 吗?

②反復疑問文 🎧 113

主語	述語		
	肯定形	否定形	名詞あるいは代詞
Zhè / Nà 这 / 那	shì 是	bu shì 不 是	huāchá? 花茶?
Nǐ / Tā 你 / 他	shì 是	bu shì 不 是	dàxuéshēng? 大学生?
Tāmen 他们 / 她们	shì 是	bu shì 不 是	Zhōngguó xuésheng? 中国 学生?

---

4 **所有や所属を表す "的"（～の）とその省略**

🎧 114

wǒ de kèběn　　wǒmen de lǎoshī　　　　túshūguǎn de shū
我的课本　　我们 的 老师　　　图书馆 的 书

wǒ　māma　　wǒmen xuéxiào
我　妈妈　　我们 学校

Měiguó　lǎoshī　　Zhōngwén bào
美国 老师　　中文 报

★親族、人間関係、所属を表す場合や意味がすでに熟語化している場合、ふつう "的" は省略される。

---

5 **副詞 "也"（yě）（～も）と "都"（dōu）（みんな、すべて）**

🎧 115

主語	述語		
	副詞	動詞	目的語
Tā 她	yě 也	shì 是	liúxuéshēng. 留学生。
Wǒ 我	yě bú 也 不	shì 是	Zhōngguórén. 中国人。
Wǒmen 我们	dōu 都	shì 是	hǎo péngyou. 好朋友。
Tāmen 他们	dōu bú 都不	shì 是	Rìběnrén. 日本人。

★ "也" も "都" も副詞なので、動詞の前におく。
★副詞を用いた文では反復疑問文を作ることはできない。
★ "也" と "都" を同時に用いる場合は、"也都" とする。例) tāmen yě dōu shì dàxuéshēng.
他们 也 都 是 大学生。

Ⅰ　音声を聴いて漢字（簡体字）で書きとりましょう。　🎧 116

❶ ....

❷ ....

❸ ....

❹ ....

❺ ....

❻ ....

Ⅱ　次の日本語を中国語に訳しなさい。

❶ これは彼のカバンで、私のではありません。

....

❷ 彼は私の弟です。

....

❸ 彼らもすべて学生ですか。

....

❹ これはあなたのパソコンですか。

....

❺ 私たちはすべて学生です。

....

❻ 彼も日本人ではありません。

....

新出単語

 会話

nǐ 你 代 あなた。君。お前。

shì 是 動 (〜で)ある。 応 はい、そのとおりです。

Rìběnrén 日本人 名 日本人。

ma 吗 助 文末に用いて疑問を表す。〜か。

wǒ 我 代 わたし。

tāmen 他们 代 彼ら。

yě 也 副 〜もまた。

bù 不 副 (動詞の意思・未来・習慣の)否定、また形容詞の否定。

Zhōngguórén 中国人 名 中国人。

dōu 都 副 みな。全部。

tā 她 代 彼女。

shéi / shuí 谁 疑 だれ。どなた。

jiějie 姐姐 名 姉。

zhè 这 代 これ。

gēge 哥哥 名 兄。

dìdi 弟弟 名 弟。

文法

nín 您 代 あなた。

tā 它 代 それ。あれ

wǒmen 我们 代 わたしたち。

zánmen 咱们 代 (聞き手を含めて)わたしたち。

tāmen 她们 代 彼女たち。

tāmen 它们 代 それら。

nà 那 代 それ。あれ。

nǎ 哪 疑 どれ。どの。

diànnǎo 电脑 名 パソコン。

liúxuéshēng 留学生 名 留学生。

huāchá 花茶 名 ジャスミン茶などの花の香りをつけたお茶。

dàxuéshēng 大学生 名 大学生。

Zhōngguó 中国 名 中国。(中華人民共和国の略)。

xuésheng 学生 名 学生。

kèběn 课本 名 教科書。

túshūguǎn 图书馆 名 図書館。

māma 妈妈 名 お母さん。

xuéxiào 学校 名 学校。

Měiguó 美国 名 アメリカ。米国。

lǎoshī 老师 名 先生。

Zhōngwén 中文 名 中国語。

bào 报 名 新聞。

hǎo péngyou 好 朋友 仲良し。親友。

練習

shūbāo 书包 名 かばん。

第 2 課

Nǐ máng ma?
你忙吗？

117

会 話

簡体字

Nǐ máng ma?
A： 你 忙 吗？

Bù máng, nǐ ne?
B： 不 忙，你 呢？

Wǒ yě bú tài máng.
A： 我 也 不 太 忙。

Nà tài hǎo le.
B： 那 太 好 了。

Nǐ jìnlái hǎo bu hǎo?
A： 你 近来 好 不 好？

Xièxie, wǒ hěn hǎo.
B： 谢谢，我 很 好。

Nǐ fùmǔ yě hǎo ba?
A： 你 父母 也 好 吧？

Tuō nín de fú, tāmen yě hěn hǎo.
B： 托 您 的 福，他们 也 很 好。

繁體字

Nǐ máng ma?
A： 你 忙 嗎？

Bù máng, nǐ ne?
B： 不 忙，你 呢？

Wǒ yě bú tài máng.
A： 我 也 不 太 忙。

Nà tài hǎo le.
B： 那 太 好 了。

Nǐ jìnlái hǎo bu hǎo?
A： 你 近來 好 不 好？

Xièxie, wǒ hěn hǎo.
B： 謝謝，我 很 好。

Nǐ fùmǔ yě hǎo ba?
A： 你 父母 也 好 吧？

Tuō nín de fú, tāmen yě hěn hǎo.
B： 托 您 的 福，他們 也 很 好。

文 法

1 形容詞述語文

（1）肯定形 118

主語	述語	
	副詞	形容詞
Tiānqì 天气	hěn 很	hǎo. 好。
Táiwān de xiàtiān 台湾 的 夏天	hěn 很	rè. 热。
Zhè běn cídiǎn 这 本 词典	hěn 很	hòu. 厚。

＊中国語の形容詞は、単独で述語になることができるが、対比の意味を含んでいるため、対比の
意味を消去したい場合には、程度副詞"很"などを加える。この場合は、「とても、たいへん」
という程度強調の働きはない。

（2）否定形 119

主語	述語	
	副詞	形容詞
Tiānqì 天气	bù 不	hǎo. 好。
Gōngzuò 工作	bú tài 不 太	máng. 忙。

（3）疑問形
①"吗"疑問文 120

主語	述語	
	形容詞	語気助詞
Xuésheng 学生	duō 多	ma? 吗？
Tāmen 他们	rèqíng 热情	ma? 吗？

②反復疑問文 121

主語	述語	
	形容詞の肯定形	形容詞の否定形
Gōngzuò 工作	máng 忙	bu máng? 不 忙？
Nǐ de shǒubiǎo 你 的 手表	zhǔn 准	bu zhǔn? 不 准？

35

2 主述述語文 述語部が［主語＋述語］構造になっている。

 122

主語	述語		
	主語	述語	
		副詞	形容詞
Jīntiān 今天	tiānqì 天气	hěn 很	hǎo. 好。
Hànyǔ 汉语	fāyīn 发音	hěn 很	nán. 难。
Tā 她	gèzi 个子	hěn 很	gāo. 高。

3 形容詞が名詞を修飾する場合

123

副詞	形容詞	"的"	名詞
*	hǎo 好	*	tiānqì 天气
*	jiù 旧	*	shū 书
hěn 很	piàoliang 漂亮	de 的	gūniang 姑娘
fēicháng 非常	gānjìng 干净	de 的	fángjiān 房间
hěn 很	duō 多	*	rén 人
bù 不	shǎo 少	*	xuésheng 学生

Ⅰ 音声を聴いて漢字（簡体字）で書きとりましょう。　🎧 124

❶ ....

❷ ....

❸ ....

❹ ....

❺ ....

❻ ....

Ⅱ 次の日本語を中国語に訳してみましょう。

❶ あなたの中国語の辞書はあまり厚くありません。

....

❷ 私のパソコンは安いです。

....

❸ 彼の時計は合っていますか。

....

❹ 私は辛い料理が好きです。

....

❺ 台湾の夏は暑いですか。

....

❻ 中国語は発音が難しいですか。

....

新出単語

máng 忙 　形　忙しい。

ne 呢 　助　～は？

bútài 不太 　副　あまり～ない。

nà 那 　代　（上に述べたことを指して）それ。

tài…le 太…了 　形容詞の程度を強調する。とても…だ。ほんとうに…だ。

hǎo 好 　形　よい。元気である。

jìnlái 近来 　名　近ごろ。最近。

xièxie 谢谢 　動　ありがとうございます。

hěn 很 　副　とても。たいへん。

fùmǔ 父母 　名　両親。父母。

ba 吧 　助　（疑問の語気をやわらげる）…でしょう？

tuō / fú 托 / 福 　動　おかげさまで。tuō nín de fú（托您的福）

tiānqì 天气 　名　天気。

Táiwān 台湾 　名　台湾。

xiàtiān 夏天 　名　夏。

rè 热 　形　暑い。

běn 本 　助数　書籍を数える。

hòu 厚 　形　厚い。

gōngzuò 工作 　動　働く。仕事をする。　名　仕事。

rèqíng 热情 　形　親切な。心がこもっている。

shǒubiǎo 手表 　名　腕時計。

zhǔn 准 　形　確かな。正しい。

Hànyǔ 汉语 　名　中国語。

fāyīn 发音 　名　発音。

nán 难 　形　難しい。

gèzi 个子 　名　背丈。

gāo 高 　形　高い。

jiù 旧 　形　古い。

shū 书 　名　本。

piàoliang 漂亮 　形　美しい。きれいな。

de 的 　助　被修飾語の前に描写を加える。

gūniang 姑娘 　名　女の子。娘。

fēicháng 非常 　副　非常に。きわめて。たいへん。

gānjìng 干净 　副　清潔である。きれいである。

fángjiān 房间 　名　部屋。

bàba 爸爸 　名　お父さん。

māma 妈妈 　名　お母さん。

cídiǎn 词典 　名　辞典。辞書。

piányi 便宜 　形　安い。

là 辣 　形　辛い。

cài 菜 　名　料理。

第 **3** 課

Nǐ qù Zhōngguó ma?
你 去 中国 吗?

会 話 💬

🎧 125

簡体字

Nǐ qù Zhōngguó ma?
A： 你 去 中国 吗？

Wǒ qù Zhōngguó.
B： 我 去 中国。

....

Tāmen yě qù Zhōngguó ma?
A： 她们 也 去 中国 吗？

Tāmen yě dōu qù Zhōngguó.
B： 她们 也 都 去 中国。

....

Tāmen lái bu lái Dōngjīng?
A： 他们 来 不 来 东京？

Tāmen dōu lái Dōngjīng.
B： 他们 都 来 东京。

....

Nǐ yǒu shíjiān ma?
A： 你 有 时间 吗？

Duìbuqǐ, wǒ méiyǒu shíjiān.
B： 对不起，我 没有 时间。

繁體字

Nǐ qù Zhōngguó ma?
A： 你 去 中國 嗎？

Wǒ qù Zhōngguó.
B： 我 去 中國。

....

Tāmen yě qù Zhōngguó ma?
A： 她們 也 去 中國 嗎？

Tāmen yě dōu qù Zhōngguó.
B： 她們 也 都 去 中國。

....

Tāmen lái bu lái Dōngjīng?
A： 他們 來 不 來 東京？

Tāmen dōu lái Dōngjīng.
B： 他們 都 來 東京。

....

Nǐ yǒu shíjiān ma?
A： 你 有 時間 嗎？

Duìbuqǐ, wǒ méiyǒu shíjiān.
B： 對不起，我 沒有 時間。

1　動詞述語文

述語が動詞によって構成され、主体（人・事物）の行為、動作を記述する文を動詞述語文という。

（1）肯定形と否定形　🎧 126

主語	述語		
	副詞	動詞	目的語
Wǒ / Nǐ 我 / 你	*	lái. 来。	*
Nǐ / Nǐmen 你 / 你们	*	qù 去	Dōngjīng. 东京。
Tā / Tāmen 他 / 他们	bù 不	chī 吃	fàn. 饭。
Wáng lǎoshī 王 老师	bù 不	hē 喝	jiǔ. 酒。

2　疑問文

①"吗"疑問文　🎧 127

主語	述語		
	動詞	目的語	疑問助詞
Nǐ 你	qù 去	*	ma? 吗？
Tā 他	lái 来	Dōngjīng 东京	ma? 吗？
Nǐmen 你们	chī 吃	mǐfàn 米饭	ma? 吗？
Tāmen 她们	hē 喝	kāfēi 咖啡	ma? 吗？

②反復疑問文　🎧 128

主語	述語		
	肯定形	否定形	目的語
Nǐ 你	lái 来	bu lái 不 来？	*
Tā 他	qù 去	bu qù 不 去？	*
Nǐmen 你们	kàn 看	bu kàn 不 看	diànyǐng? 电影？
Tāmen 她们	hē 喝	bu hē 不 喝	hóngchá? 红茶？

（1）肯定形と否定形 129

主語	述語		
	否定詞	動詞	目的語
Wǒ 我	(méi) （没）	yǒu 有	cídiǎn. 词典。
Tā 他	(méi) （没）	yǒu 有	shǒujī 手机。
Tāmen 他们	(méi) （没）	yǒu 有	diànnǎo. 电脑。

（2）疑問形

① "吗" 疑問文 130

主語	述語		
	動詞	目的語	疑問助詞
Nǐ 你	yǒu 有	kòngr 空儿	ma? 吗？
Tā 他	yǒu 有	Zhōngguó péngyou 中国 朋友	ma? 吗？
Nǐmen 你们	yǒu 有	Hànyǔ cídiǎn 汉语 词典	ma? 吗？

②反復疑問文 131

主語	述語		
	肯定形	否定形	目的語
Nǐ 你	yǒu 有	méiyǒu 没有	zhàoxiàngjī? 照相机？
Tā 她	yǒu 有	méiyǒu 没有	xiōngdì jiěmèi? 兄弟 姐妹？
Nǐmen 你们	yǒu 有	méiyǒu 没有	diànnǎo? 电脑？

Ⅰ 音声を聴いて漢字（簡体字）で書きとりましょう。 🎧 132

❶ ....

❷ ....

❸ ....

❹ ....

❺ ....

❻ ....

Ⅱ 日本語を中国語に訳しましょう。

❶ 私はコーヒーを飲みますが、彼は紅茶を飲みます。

....

❷ あなたたちもみんな北京に行きますか。

....

❸ 私たちはみんなパソコンを持っています。

....

❹ 彼は行きますが、私は行きません。

....

❺ 私たちはみんな中国語の辞書を持っていません。

....

❻ 彼らはみんな映画を見ません。

....

新出単語

会話

qù 去 　動 行く。

Zhōngguó 中国 　名 中国。

lái 来 　動 来る。

yě 也 　副 …も。…もまた。

dōu 都 　副 みんな。すべて。

Dōngjīng 东京 　名 東京。

yǒu 有 　動 ある。持っている。

shíjiān 时间 　名 時間。時刻。

duìbuqǐ 对不起 　すみません。

méiyǒu 没有 　動 持っていない。ない。

文法

chī 吃 　動 食べる。

fàn 饭 　名 食事。ご飯。

Wáng 王 　名〈姓〉王。（"王"は中国人の姓）

lǎoshī 老师 　名 先生。教師。

hē 喝 　動 飲む。

jiǔ 酒 　名 酒。

mǐfàn 米饭 　名 ご飯。

kāfēi 咖啡 　名 コーヒー。

kàn 看 　動 見る。

diànyǐng 电影 　名 映画。

hóngchá 红茶 　名 紅茶。

cídiǎn 词典 　名 辞典。辞書。

shǒujī 手机 　名 携帯電話。

kòngr 空儿 　名 暇。

péngyou 朋友 　名 友達。

Hànyǔ 汉语 　名 中国語。

zhàoxiàngjī 照相机 　名 カメラ。

xiōngdì jiěmèi 兄弟姐妹 　名 兄弟姉妹。

練習

Běijīng 北京 　名 北京。中国の首都。

xuéxiào 学校 　名 学校

Shànghǎi 上海 　名 上海。

第 **4** 課

Jīntiān　　xīngqījǐ?
今天　星期几？

 会 話

🎧 133

簡体字

Jīntiān　　xīngqījǐ?
A：今天　星期几？

Jīntiān　　xīngqīsān.
B：今天　星期三。

Nǐ　　xīngqījǐ　　xiūxi?
A：你　星期几　休息？

Wǒ　xīngqītiān　hé　xīngqīliù　xiūxi.
B：我　星期天　和　星期六　休息。

……………………………………

Nǐ　de　shēngrì　jǐ　yuè　jǐ　hào?
A：你　的　生日　几　月　几　号？

Wǒ　de　shēngrì　qī　yuè　qī　hào.
B：我　的　生日　七　月　七　号。

Nǐ　jīnnián　duō　dà?
A：你　今年　多　大？

Wǒ　jīnnián　shíjiǔ　suì.
B：我　今年　十九　岁。

繁體字

Jīntiān　xīngqījǐ?
A：今天　星期幾？

Jīntiān　xīngqīsān.
B：今天　星期三。

Nǐ　xīngqījǐ　xiūxi?
A：你　星期幾　休息？

Wǒ　xīngqītiān　hé　xīngqīliù　xiūxi.
B：我　星期天　和　星期六　休息。

……………………………………

Nǐ　de　shēngrì　jǐ　yuè　jǐ　hào?
A：你　的　生日　幾　月　幾　號？

Wǒ　de　shēngrì　qī　yuè　qī　hào.
B：我　的　生日　七　月　七　號。

Nǐ　jīnnián　duō　dà?
A：你　今年　多　大？

Wǒ　jīnnián　shíjiǔ　suì.
B：我　今年　十九　歲。

文 法

1　時間名詞

qiántiān	zuótiān	jīntiān	míngtiān	hòutiān
前天	昨天	今天	明天	后天
qiánnián	qùnián	jīnnián	míngnián	hòunián
前年	去年	今年	明年	后年

shàng ge xīngqī	zhè ge xīngqī	xià ge xīngqī
上个星期	这个星期	下个星期
shàng ge yuè	zhè ge yuè	xià ge yuè
上个月	这个月	下个月

🎧 134（縦読み）

2　年（西暦）の表し方と尋ね方

yī jiǔ sì jiǔ nián	yī jiǔ jiǔ qī nián	èr líng líng liù nián	èr líng èr wǔ nián
一九四九年	一九九七年	二〇〇六年	二〇二五年

🔽 135

Jīnnián（shì）　gōngyuán　duōshao　nián?
今年（是）　公元　多少　年？

　　　Jīnnián（shì）　gōngyuán　èr líng èr liù nián.
—今年（是）　公元　二〇二六年。

3　月・日の表し方と尋ね方

🎧 136

	yī yuè	èr yuè	sān yuè	sì yuè				
	一月	二月	三月	四月				
	wǔ yuè	liù yuè	qī yuè	bā yuè				
月	五月	六月	七月	八月				
	jiǔ yuè	shí yuè	shíyī yuè	shí'èr yuè				
	九月	十月	十一月	十二月				

	yī hào	èr hào	sān hào	sì hào	wǔ hào	liù hào	qī hào	bā hào
	一号	二号	三号	四号	五号	六号	七号	八号
	jiǔ hào	shí hào	shíyī hào	……	érshí hào	èrshiyī hào		
日	九号	十号	十一号	……	二十号	二十一号		
	èrshi'èr hào	èrshisān hào	……	sānshí hào	sānshiyī hào			
	二十二号	二十三号	……	三十号	三十一号			

Míngtiān　jǐ　yuè　jǐ　hào?
明天　几　月　几　号？

　　　Míngtiān　bā　yuè　shíwǔ　hào.
—明天　八　月　十五　号。

45

曜日の表し方と尋ね方

137（縦読み）

日曜日	xīngqītiān（xīngqī rì） 星期天（星期日）	lǐbàitiān（lǐbàirì） 礼拜天（礼拜日）
月曜日	xīngqīyī 星期一	lǐbàiyī 礼拜一
火曜日	xīngqī'èr 星期二	lǐbài'èr 礼拜二
水曜日	xīngqīsān 星期三	lǐbàisān 礼拜三
木曜日	xīngqīsì 星期四	lǐbàisì 礼拜四
金曜日	xīngqīwǔ 星期五	lǐbàiwǔ 礼拜五
土曜日	xīngqīliù 星期六	lǐbàiliù 礼拜六

Zuótiān xīngqījǐ? Zuótiān xīngqīsì.
昨天 星期几？ ——昨天 星期四。

Jīntiān xīngqījǐ? Jīntiān xīngqī'èr.
今天 星期几？ ——今天 星期二。

5 年齢の尋ね方

138

Nǐ jǐ suì?
你 几 岁？ ……10歳くらいまでの子供に

Nǐ duō dà?
你 多 大？ ……若者、同輩に

Nín duō dà suìshu?
您 多 大 岁数？ ……目上の人に

Nín gāoshòu?
您 高寿？ ……70過ぎのお年寄りに

6 名詞述語文

年月日、時間、年齢、本籍などを示す場合は、ふつう"是"を用いない。否定は"不是"を用いる。

139

主語	述語
Jīnnián 今年	(shì) èr líng èr wǔ nián. （是）二〇二五 年。
Jīntiān 今天	bú shì bā yuè shíwǔ hào. 不 是 八月十五号。
Zuótiān 昨天	(shì) xīngqīsān. （是）星期三。
Míngnián 明年	bú shì èr líng èr liù nián. 不 是 二〇二六 年。

主語	述語
Míngnián 明年	shì èr líng èr liù nián ma? 是 二〇二六 年 吗？
Jīntiān 今天	shì bu shì xīngqīwǔ? 是 不 是 星期五？
Míngtiān 明天	(shì) jǐ yuè jǐ hào? （是）几月几号？

I 音声を聴いて漢字（簡体字）で書きとりましょう。 🎧 140

❶ ....

❷ ....

❸ ....

❹ ....

❺ ....

❻ ....

II 日本語を中国語に訳しましょう。

❶ 明日は金曜日です。

....

❷ あさっては何曜日ですか。

....

❸ 来週の金曜日はクリスマスです。

....

❹ 今日は2025年 8 月 1 日です。

....

❺ 明日は火曜日ではありません。水曜日です。

....

❻ 彼は北京の出身ではありません。

....

新出単語

会話

Jīntiān 今天 名 今日。	shēngri 生日 名 誕生日。
xīngqījǐ 星期几 何曜日。	jǐ yuè 几月 何月。
xīngqīsān 星期三 名 水曜日。	jǐ hào 几号 何日。
xiūxi 休息 動 休む。休憩する。	jīnnián 今年 名 今年。
xīngqītiān 星期天 名 日曜日。	duō dà 多大 何歳。
hé 和 接 〜と〜。	suì 岁 助数 …歳。
xīngqīliù 星期六 名 土曜日。	

文法

qiántiān 前天 名 一昨日。	xīngqīyī 星期一 名 月曜日。
zuótiān 昨天 名 昨日。	xīngqī'èr 星期二 名 火曜日。
míngtiān 明天 名 明日。	xīngqīsān 星期三 名 水曜日。
hòutiān 后天 名 明後日。	xīngqīsì 星期四 名 水曜日。
qiánnián 前年 名 一昨年。	xīngqīwǔ 星期五 名 金曜日。
qùnián 去年 名 去年。	xīngqīliù 星期六 名 土曜日。
jīnnián 今年 名 今年。	lǐbàitiān 礼拜天 名 日曜日。
míngnián 明年 名 来年。	lǐbàirì 礼拜日 名 日曜日。
hòunián 后年 名 一昨年。	lǐbàiyī 礼拜一 名 月曜日。
shàng ge xīngqī 上个星期 名 先週。	lǐbài'èr 礼拜二 名 火曜日。
zhè ge xīngqī 这个星期 名 今週。	lǐbàisān 礼拜三 名 水曜日。
xià ge xīngqī 下个星期 名 来週。	lǐbàisì 礼拜四 名 木曜日。
shàng ge yuè 上个月 名 先月。	lǐbàiwǔ 礼拜五 名 金曜日。
zhè ge yuè 这个月 名 今月。	lǐbàiliù 礼拜六 名 土曜日。
xià ge yuè 下个月 名 来月。	jǐ suì 几岁 いくつ？
gōngyuán 公元 名 西暦紀元。	suìshu 岁数 名 年齢。年。
xīngqītiān 星期天 名 日曜日。	gāoshòu 高寿 名 お年（老人に年齢を問う
xīngqīrì 星期日 名 日曜日。	ときに用いる）。

練習

Shèngdàn Jié 圣诞节 名 クリスマス。降誕祭。
Běijīngrén 北京人 名 北京（出身）の人。

Tā de Rìyǔ zěnmeyàng?
她 的 日语 怎么样？

 会 話

141

簡体字

Tā zhēn piàoliang! Tā shì......
A: 她 真 漂亮！她 是……

Tā shì wǒ nǚpéngyou, jiào Ānnà.
B: 她 是 我 女朋友，叫 安娜。

Tā shì shénme shíhou lái Rìběn de?
A: 她 是 什么 时候 来 日本 的？

Tā shì qùnián lái Rìběn de.
B: 她 是 去年 来 日本 的。

Tā de Rìyǔ zěnmeyàng?
A: 她 的 日语 怎么样？

Tā de Rìyǔ búcuò.
B: 她 的 日语 不错。

Tā shì zěnme xué de?
A: 她 是 怎么 学 的？

Gēnzhe guǎngbō jiǎngzuò xué de.
B: 跟着 广播 讲座 学 的。

繁體字

Tā zhēn piàoliang! Tā shì......
A: 她 眞 漂亮！她 是……

Tā shì wǒ nǚpéngyou, jiào Ānnà.
B: 她 是 我 女朋友，叫 安娜。

Tā shì shénme shíhou lái Rìběn de?
A: 她 是 什麼 時候 來 日本 的？

Tā shì qùnián lái Rìběn de.
B: 她 是 去年 來 日本 的。

Tā de Rìyǔ zěnmeyàng?
A: 她 的 日语 怎麼樣？

Tā de Rìyǔ búcuò.
B: 她 的 日语 不錯。

Tā shì zěnme xué de?
A: 她 是 怎麼 學 的？

Gēnzhe guǎngbō jiǎngzuò xué de.
B: 跟著 廣播 講座 學 的。

文 法

1　疑問詞 "谁" (shéi, shuí)「だれ」

🎧 142

質問	回答
Tā shì shéi? 他 是 谁?	Tā shì wǒ jiějie. 他 是 我 姐姐。
Shéi shì Lǐ xiānsheng? 谁 是 李 先生?	Tā shì Lǐ xiānsheng. 他 是 李 先生。
Zhè shì shéi de màozi? 这 是 谁 的 帽子?	Zhè shì Chén xiǎojie de màozi. 这 是 陈 小姐 的 帽子。

2　疑問詞 "什么" (shénme)

（1）「なに」 🎧 143

質問	回答
Nà shì shénme? 那 是 什么?	Nà shì wéijīn. 那 是 围巾。
Nǐ chī shénme? 你 吃 什么?	Wǒ chī xiǎolóngbāo. 我 吃 小笼包。
Qiáng shang yǒu shénme? 墙 上 有 什么?	Qináng shang yǒu zhāng shìjiè dìtú. 墙 上 有 张 世界 地图。

（2）「なんの、どんな」名詞を修飾して事物の性質、人の職業、身分などを問う。 🎧 144

質問	回答
Tā kàn shénme shū? 他 看 什么 书?	Tā kàn Zhōngwén shū. 他 看 中文 书。
Jīntiān nǐ yǒu shénme kè? 今天 你 有 什么 课?	Jīntiān wǒ yǒu Hànyǔ kè. 今天 我 有 汉语 课。
Nǐ xǐhuan shénme huār? 你 喜欢 什么 花儿?	Wǒ xǐhuan yīnghuā. 我 喜欢 樱花。

3　疑問詞 "哪" (nǎ)「どれ、どっち、どちら」

🎧 145

質問	回答
Nǐ yào nǎge? (něige) 你 要 哪个?	Wǒ yào zhège. (zhèige) 我 要 这个。
Nǐ shì nǎ guó rén? 你 是 哪 国 人?	Wǒ shì Rìběnrén. 我 是 日本人。
Nǎge (Něige) shì nǐ de? 哪个 是 你 的?	Zhège shì wǒ de. 这个 是 我 的。

　疑問詞 "怎么"（zěnme）

（1）「どのように」　🎧 146

方法・手段を問う
Zhège (Zhèige)　cài　zěnme　zuò? 这个　菜　怎么　做？
Zhōngshāngōngyuán　zěnme　zǒu? 中山公园　怎么　走？
Zhège (Zhèige)　zì　zěnme　niàn? 这个　字　怎么　念？

（2）「なぜ：どうして」　🎧 147

原因・理由を問う
Nǐ　zěnme　bù　chī　fàn? 你　怎么　不　吃　饭？
Jīntiān　zěnme　zhème　rè? 今天　怎么　这么　热？
Nǐ　zěnme　bù　zǎo　shuō　ne? 你　怎么　不　早　说　呢？

5　疑問詞 "怎么样"（zěnmeyàng）性質、状況、方式などを問う。「どうですか」

🎧 148

質問	回答
Tā　de　Hànyǔ　zěnmeyàng? 她　的　汉语　怎么样？	Tā　de　Hànyǔ　fēicháng　hǎo. 她　的　汉语　非常　好。
Qīngdǎo　píjiǔ　zěnmeyàng? 青岛　啤酒　怎么样？	Qīngdǎo　píjiǔ　hěn　hǎohē. 青岛　啤酒　很　好喝。
Zánmen　yìqǐ　qù　kàn　diànyǐng, zěnmeyàng? 咱们　一起　去　看　电影，怎么样？	Hǎo. 好。

I 音声を聴いて漢字（簡体字）で書きとりましょう。　🎧 149

❶ ....

❷ ....

❸ ....

❹ ....

❺ ....

❻ ....

II 日本語を中国語に訳しましょう。

❶ **彼は私の親友で田中優大と言います。**（田中優大：田中优大 Tiánzhōng Yōudà）

....

❷ **あなたはどんな外国語を勉強しますか。**（外国語：外语 wàiyǔ）

....

❸ **天気はどうですか。一天気はあまりよくありません。**

....

❹ **東京駅にはどうやって行きますか。**（東京駅：东京车站 Dōngjīng chēzhàn）

....

❺ **どれがあなたのシャツですか。**（シャツ：衬衫 chènshān）

....

❻ **どうしたのですか。どうして食べないのですか。**

....

新出単語

💬 会話

zhēn 真 　副　本当に。確かに。

piàoliang 漂亮 　形　きれいである。美しい。

nǚpéngyou 女朋友 　名　ガールフレンド。

jiào 叫 　動　(…と)いう名である。(…と)いう。
(…と)呼ぶ。

Ānnà 安娜 　名　人名。

shénme shíhou 什么时候 　疑　いつ。

de 的 　助　すでに発生した動作、行為について
時間・場所・方式などを強調する。"是…
的"構文については、第14課参照。

Rìyǔ 日语 　名　日本語。

zěnmeyàng 怎么样 　疑　(状況を尋ねる)
どうですか。いかがですか。

búcuò 不错 　形　よい。優れている。なか
なかである。

zěnme 怎么 　疑　どのように。

gēnzhe 跟着 　動　後についていく。つき従う。

guǎngbō 广播 　名　ラジオ放送。

jiǎngzuò 讲座 　名　講座。

📖 文法

shuí, shéi 谁 　疑　だれ。

jiějie 姐姐 　名　姉。

Lǐ 李 　名　李。("李"は中国人の姓)

xiānsheng 先生 　名　(男性に対する敬称)…
さん。

màozi 帽子 　名　帽子。

Chén 陈 　名　陳。("陳"は中国人の姓)

xiǎojie 小姐 　名　(未婚の女性に対する呼称)
お嬢さん。おねえさん。…さん。

wéijīn 围巾 　名　マフラー。スカーフ。

qiáng 墙 　名　壁。

shang 上 　名　うえ。名詞について場所である
ことを明確にする。

zhāng 张 　助数　絵、机などを数える。

shìjiè 世界 　名　世界。

dìtú 地图 　名　地図。

shénme 什么 　疑　何。どんな。

kè 课 　名　授業。

huār 花儿 　名　花。

yīnghuā 樱花 　名　桜。桜の花。

nǎge, něige 哪个 　代　どれ。どの。

zhège, zhèige 这个 　代　この。これ。

de 的 　助　修飾する目的語を省略し、人やも
のをさす。～の。～のもの。

cài 菜 　名　料理。

zěnme 怎么 　疑　どのように。

zuò 做 　動　作る。

Zhōngshān gōngyuán 中山公园 　名　中
山公園。

zǒu 走 　動　歩く。行く。

zì 字 　名　字。

niàn 念 　動　(声を出して)読む。唱える。

chī / fàn 吃饭 　動　食事をする。

jīntiān 今天 　名　今日。

zhème 这么 　代　このように。こんなに。
そんなに。

zǎo 早 　形　早めに。

ne 呢 　助　いぶかる気持ちで問いかけをす
る時に文末におく。(どうして)～なの。

fēicháng 非常 　副　非常に。とても。

Qīngdǎo píjiǔ 青岛啤酒 　名　青島ビール。

hǎohē 好喝 　形　(飲んで)おいしい。

Yīngyǔ 英语　名 英語。

xuéxí 学习　動 学習する。勉強する。

nàge (nèige) rén 那个人　あの人。

fùqin 父亲　名（書き言葉に多く用いられる）
父。父親。お父さん。

bàba 爸爸　名 父。父親。お父さん。

xiànzài 现在　名 今。現在。

xué 学　xuéxí 学习　動 学ぶ。習う。

yīshēng 医生　名 医者。医師。

tiānqì 天气　名 天気。天候。気候。

bú tài… 不太…　あまり…ない。

chènshān 衬衫　名 ワイシャツ。ブラウ
ス。

zěnmele 怎么了　どうしたの？

第 **6** 課

Nǐ jiā yǒu jǐ kǒu rén?
你 家 有 几 口 人？

会 話

150

簡体字

A：
Nǐ jiā yǒu jǐ kǒu rén?
你 家 有 几 口 人？

B：
wǒ jiā yǒu wǔ kǒu rén.
我 家 有 五 口 人。

A：
Dōu yǒu shénme rén?
都 有 什么 人？

B：
Fùqin、 mǔqin、 yí ge gēge、 yí ge mèimei hé wǒ.
父亲、 母亲、 一 个 哥哥、 一 个 妹妹 和 我。

A：
Lǎobǎn, Zhèr yǒu méiyǒu zhēnzhū nǎichá?
老板， 这儿 有 没有 珍珠 奶茶？

B：
Yǒu, nǐ yào jǐ bēi?
有，你 要 几 杯？

A：
Wǒ yào sān bēi. Yígòng duōshao qián?
我 要 三 杯。 一共 多少 钱？

B：
Shí kuài wǔ máo.
十 块 五 毛。

繁體字

A：
Nǐ jiā yǒu jǐ kǒu rén?
你 家 有 幾 口 人？

B：
Wǒ jiā yǒu wǔ kǒu rén.
我 家 有 五 口 人。

A：
Dōu yǒu shénme rén?
都 有 什麼 人？

B：
Fùqin、 mǔqin、 yí ge gēge、 yí ge mèimei hé wǒ.
父親、 母親、 一 個 哥哥、 一 個 妹妹 和 我。

A：
Lǎobǎn, Zhèr yǒu méiyǒu zhēnzhū nǎichá?
老闆， 這兒 有 沒有 珍珠 奶茶？

B：
Yǒu, nǐ yào jǐ bēi?
有，你 要 幾 杯？

A：
Wǒ yào sān bēi. Yígòng duōshao qián?
我 要 三 杯。一共 多少 錢？

B：
Shí kuài wǔ máo.
十 塊 五 毛。

55

文法

🎧 151

yī	èr	sān	sì	wǔ	liù	qī	bā	jiǔ	shí
一	二	三	四	五	六	七	八	九	十

shíyī	shí'èr	shísān	shísì	shíwǔ	shíliù	shíqī	shíbā	shíjiǔ	èrshí
十一	十二	十三	十四	十五	十六	十七	十八	十九	二十

èrshiyī	èrshi'èr	èrshisān	èrshisì	èrshiwǔ	èrshiliù	èrshiqī	èrshibā	èrshijiǔ	sānshí
二十一	二十二	二十三	二十四	二十五	二十六	二十七	二十八	二十九	三十……

jiǔshiyī	jiǔshi'èr	jiǔshisān	jiǔshisì	jiǔshiwǔ	jiǔshiliù	jiǔshiqī	jiǔshibā	jiǔshijiǔ	yìbǎi
九十一	九十二	九十三	九十四	九十五	九十六	九十七	九十八	九十九	一百

yìbǎi líng yī	yìbǎi líng èr	yìbǎi líng sān		yìbǎiyī shí
一百零一	一百零二	一百零三…………		一百一（十）

yìbǎi yīshiyī	yìbǎi yīshi'èr	yìbǎi yīshisān		yìbǎi èr shí
一百一十一	一百一十二	一百一十三………		一百二（十）……

èrbǎi líng yī	èrbǎi líng èr	èrbǎi líng sān		èrbǎi yī shí
二百零一	二百零二	二百零三…………		二百一（十）……

★ "二十……九十九"はすべて真ん中の"十"を軽声に読む。

人やモノを数える時に数詞と名詞の間に用いられる。

🎧 152

数詞	助数詞	名詞				
yì 一	běn 本	xiǎoshuō 小说、	cídiǎn 词典、	kèběn 课本		
liǎng 两	zhāng 张	zhǐ 纸、	bào 报、	zhuōzi 桌子		
sān 三	jiàn 件	chènshān 衬衫、	shìqing 事情、	xíngli 行李		
sì 四	tiáo 条	gǒu 狗、	kùzi 裤子、	máojīn 毛巾、	lù 路、	hé 河
wǔ 五	shuāng 双	xié 鞋、	wàzi 袜子、	kuàizi 筷子		
liù 六	bǎ 把	yǐzi 椅子、	yàoshi 钥匙、	yǔsǎn 雨伞、	dāo 刀	
qī 七	jià 架	fēijī 飞机、	zhàoxiàngjī 照相机、	gāngqín 钢琴		

★ "2"は物の個数を数える時には、"两 liǎng"を使う。

3 "几"(jǐ) と "多少"(duōshao)

いずれも数量を問うのに用いる。ふつう"几"は 10 以下の数を予想して尋ねる場合に、"多少"は数の大きさに制限がないので、一体いくつなのか見当がつかない場合に用いる。

🎧 153

Nǐ yǒu jǐ wèi Zhōngguó péngyou?	Wǒ yǒu liǎng wèi Zhōngguó péngyou.
你 有 几 位 中国 朋友?	我 有 两 位 中国 朋友。
Nǐ yào jǐ jiàn Txùshān?	Wǒ yào sānjiàn Txùshān.
你 要 几 件 T恤衫?	我 要 三件 T恤衫。
Nǐmen xuéxiào yǒu duōshao xuésheng?	Wǒmen xuéxiào yǒu bāqiān duō ge xuésheng.
你们 学校 有 多少 学生?	我们 学校 有 八千 多 个 学生。

4 場所を表す指示代名詞

🎧 154（縦読み）

近称	遠称	疑問
zhèr	nàr	nǎr
这儿	那儿	哪儿
zhèli	nàli	nǎli
这里	那里	哪里

ここ	そこ	あそこ	どこ

＊"哪里"は "náli" と発音する。発音記号は、もとのまま第三声の記号「ˇ」を書く。

【中国人の姓】

Wáng	Lǐ	Zhāng	Lín	Cài
王	李	张	林	蔡
Liú	Chén	Yáng	Huáng	Zhào
刘	陈	杨	黄	赵
Zhōu	Xú	Sūn	Mǎ	Zhū
周	徐	孙	马	朱
Hú	Guō	Hé	Sòng	Qián
胡	郭	何	宋	钱
Cáo	Wāng	Táng	Xǔ	Sū
曹	汪	唐	许	苏
Ōuyáng	Zhūgě	Xīmén	Sīmǎ	Duānmù
欧阳	诸葛	西门	司马	端木

5　存在を表す "有"（yǒu）

場所詞		動詞	存在する人・モノ
Zhèr 这儿	méi （没）	yǒu 有	biànlìdiàn. 便利店。
Nàli 那里	méi （没）	yǒu 有	kāfēitīng. 咖啡厅。
Dōngjīng 东京	*	yǒu 有	hěn　duō gōngyuán. 很　多　公园。
Wǒmen　dàxué 我们　大学	*	yǒu 有	bù　shǎo xuéshēng. 不　少　学生。
Nàr 那儿	*	yǒu 有	túshūguǎn　ma? 图书馆　吗？
Zhèr 这儿	yǒu méi yǒu 有 没 有		xiǎolóngbāo? 小笼包？

🎧 155

★文頭は場所を示す語に限られる。（第2課の所有をしめす "有" は文頭に人を示す語が置かれる。

★国名、地名、公共の建物は、場所詞として用いることができる。

★否定形、疑問形は、第2課の所有を示す "有" と同じである。

6　貨幣の単位

書面用語	yuán（yuán） 元　　圆	jiǎo 角	fēn 分
口　語	kuài 块	máo 毛	fēn 分

🎧 156（縦読み）

★1块（钱）＝10毛＝100分

★値段、金額を聞くには、"多少钱？"（duōshao qián?）を用いる。

Zhège（Zhèige）　duōshao　qián?
这个　　多少　钱？

Zhè（Zhèi）　zhǒng　wūlóngchá　duōshao　qián　yì　jīn?
这　　种　乌龙茶　多少　钱　一　斤？　★一 斤：500g

yuán 1.25 元	yí　kuài　liǎng　máo　wǔ　fēn 一　块　两　毛　五　（分）
yuán 26.30 元	èrshiliù　kuài　sān　máo 二十六　块　三　毛
yuán 208 元	èrbǎi　líng　bā　kuài 二百　零　八　块

Ⅰ　音声を聴いて漢字（簡体字）で書きとりましょう。　🎧 157

❶ ....

❷ ....

❸ ....

❹ ....

❺ ....

❻ ....

Ⅱ　日本語を中国語に訳しましょう。

❶ 図書館には日本語の雑誌がたくさんあります。

....

❷ 私はシャツを2枚、靴下を一足買います。

....

❸ あちらにテレビが3台あります。（台：台 tái）

....

❹ 私には中国の友達が5人います。

....

❺ あなたはシャツ（ブラウス）を何枚ほしいですか。

....

❻ 東京には図書館がたくさんあります。

....

新出単語

会話

jiā 家 [名] 家。

yǒu 有 [動] (存在を表す)ある。いる。(所有を表す)もっている。

jǐ 几 [数] (多く10以下の数を予想して)いくつ。

kǒu 口 [助数] 家族の人数を数える。

dōu 都 [副] (疑問文において)複数の答えを予想する。

shénme 什么 [疑] 何の。どんな。

fùqin 父亲 [名] 父親。

mǔqin 母亲 [名] 母親。

yī 一 [数] 一。

gēge 哥哥 [名] 兄。

mèimei 妹妹 [名] 妹。

hé 和 [接] ～と～

lǎobǎn 老板 [名] 商店の経営者。呼びかけに用いる。(lǎobǎnniáng 老板娘 [名] 商店経営者の奥さん。おかみさん。)

zhèr 这儿 [代] ここ。

yǒu méiyǒu 有没有? (～は)ありますか。(～を)持っていますか。

zhēnzhū nǎichá 珍珠奶茶 [名] タピオカティー。タピオカミルクティー。

yào 要 [動] 求める。欲しい。

bēi 杯 [助数] ～杯。

sān 三 [数] 三。

yígòng 一共 [副] 合わせて。全部で。まとめて。

duōshao qián 多少钱 いくらですか。(買い物で値段をたずねる時に使う)。

kuài 块 [助数] 貨幣の単位。元。

máo 毛 [助数] 貨幣の単位。元の10分の1。

文法

yǐzi 椅子 [名] 椅子。

zhuōzi 桌子 [名] 机。

èr 二 [数] 二。

běn 本 [助数] 書籍やノート類を数える。

xiǎoshuō 小说 [名] 小説。

cídiǎn 词典 [名] 辞典。辞書。

kèběn 课本 [名] 教科書。

liǎng 两 [数] 二。ふつう助数詞の前で用いる。

zhāng 张 [助数] 紙、机などを数える。

zhǐ 纸 [名] 紙。

bào 报 [名] 新聞。bàozhǐ 报纸

zhuōzi 桌子 [名] 机。

jiàn 件 [助数] 事や衣服を数える

chènshān 衬衫 [名] ワイシャツ。ブラウス。

shìqing 事情 [名] 事。出来事。

xíngli 行李 [名] 荷物。

tiáo 条 [助数] 犬、ズボン、ネクタイなどを数える。

gǒu 狗 [名] 犬。

kùzi 裤子 [名] ズボン。

máojīn 毛巾 [名] タオル。

lù 路 [名] 道路。通路。通り道。

hé 河 [名] 川。河川。

shuāng 双 [助数] 対になっているものを数える。

wàzi 袜子 [名] 靴下。

kuàizi 筷子 [名] 箸。

bǎ 把 [助数] 柄のある椅子や傘を数える。

yàoshi 钥匙 [名] 鍵。

yǔsǎn 雨伞 [名] 傘。

dāo 刀 [名] ナイフ。

jià 架 [助数] 飛行機や機械類を数える。

fēijī 飞机　名 飛行機。

zhàoxiàngjī 照相机　名 カメラ。

gāngqín 钢琴　名 ピアノ。

Txùshān T 恤衫　名 T シャツ。

duōshao 多少　代 (数助数が) どのくらい。

qiān 千　数 千。

zhèr 这儿　代 ここ。

nàr 那儿　代 そこ。あそこ。

nǎr 哪儿　代 どこ。

zhèli 这里　代 ここ。

nàli 那里　代 そこ。あそこ。

nǎli 哪里　代 どこ。

biànlìdiàn 便利店　名 コンビニ。

kāfēitīng 咖啡厅　名 カフェ。

Dōngjīng 东京　名 東京。

gōngyuán 公园　名 公園。

túshūguǎn 图书馆　名 図書館。

xiǎolóngbāo 小笼包　名 小龍包。

yuán 元　助数 貨幣の単位。

jiǎo 角　助数 貨幣の単位。

fēn 分　助数 貨幣の単位。

zhǒng 种　助数 種類を数える。

wūlóngchá 乌龙茶　名 ウーロン茶。

jīn 斤　助数 重さの単位。1 斤は500 g

練習

mǎi 买　動 買う。

Yīngwén 英文　名 英語。

Rìwén 日文　名 日本語。

zázhì 杂志　名 雑誌。

tái 台　助数 機械などの台数を数える。

diànshì 电视　名 テレビ。

Qǐngwèn, yínháng zài nǎr?
请问，银行 在 哪儿？

158

会話

簡体字

A: Qǐngwèn, yínháng zài nǎr?
请问，银行 在 哪儿？

B: Zài chāoshì pángbiānr.
在 超市 旁边儿。

A: Lí zhèr yǒu duō yuǎn?
离 这儿 有 多 远？

B: Zǒuzhe qù yòngbuliǎo wǔ fēn zhōng.
走着 去 用不了 五 分 钟。

A: Xiǎo Wáng zài túshūguǎn ma?
小 王 在 图书馆 吗？

B: Tā bú zài túshūguǎn, zài shítáng.
她 不 在 图书馆，在 食堂。

A: Shítáng li rén duō bu duo?
食堂 里 人 多 不 多？

B: Xiànzài kǒngpà hěn duō.
现在 恐怕 很 多。

繁體字

A: Qǐngwèn, yínháng zài nǎr?
請問，銀行 在 哪兒？

B: Zài chāoshì pángbiānr.
在 超市 旁邊兒。

A: Lí zhèr yǒu duō yuǎn?
離 這兒 有 多 遠？

B: Zǒuzhe qù yòngbuliǎo wǔ fēn zhōng.
走著 去 用不了 五 分 鐘。

A: Xiǎo Wáng zài túshūguǎn ma?
小 王 在 圖書館 嗎？

B: Tā búzài túshūguǎn, zài shítáng.
她 不在 圖書館，在 食堂。

A: Shítáng li rén duō bu duo?
食堂 裡 人 多 不 多？

B: Xiànzài kǒngpà hěn duō.
现在 恐怕 很 多。

1　方位詞

方向、方角、位置を表す語を方位詞という。　🎧 159

	単音節方位詞	二音節方位詞		
		～面（～mianr）	～边儿（～bianr）	～头（～tou）
まえ	qián 前	qiánmian 前面	qiánbianr 前边儿	qiántou 前头
うしろ	hòu 后	hòumian 后面	hòubianr 后边儿	hòutou 后头
うえ	shàng 上	shàngmian 上面	shàngbiānr 上边儿	shàngtou 上头
した	xià 下	xiàmian 下面	xiàbianr 下边儿	xiàtou 下头
なか	lǐ 里	lǐmian 里面	lǐbiānr 里边儿	lǐtou 里头
そと	wài 外	wàimian 外面	wàibianr 外边儿	wàitou 外头
ひだり	zuǒ 左	zuǒmian 左面	zuǒbianr 左边儿	
みぎ	yòu 右	yòumian 右面	yòubianr 右边儿	
ひがし	dōng 东	dōngmian 东面	dōngbianr 东边儿	
みなみ	nán 南	nánmian 南面	nánbianr 南边儿	
にし	xī 西	xīmian 西面	xībianr 西边儿	
きた	běi 北	běimian 北面	běibianr 北边儿	
そば	páng 旁		pángbiānr 旁边儿	

★単音節方位詞は単独で用いることができない。

★二音節方位詞は単独で主語、目的語として用いることができる。

★"旁边儿"の"边"は第一声で発音される。

hēibǎn shang　　zhuōzi shang　　xuéxiào li　　wūzi li　　shūbāo li
黑板　上　　　桌子　上　　　学校　里　　　屋子　里　　　书包　里

Lǐmian yǒu shénme dōngxi?
里面　有　什么　东西？

Yòubianr shì yínháng, Zuǒbianr shì biànlìdiàn.
右边儿　是　银行，　左边儿　是　便利店。

```
fángzi   pángbiānr        xuéxiào   nánbianr
房子    旁边儿          学校    南边儿
```

★"里""上"などは「物」を表す名詞の後につけ、「場所」であることを明確にする働きがある。また、"学校"、"图书馆"、"教室"、"食堂"、"办公室"などは"里"がなくても場所であることを表すことができる。

2 存在を表す動詞 "在"（zài）「〜は…にある / いる」

（1）肯定形と否定形　🎧 160

主語	述語		
	否定詞	動詞	目的語
Tā de diànnǎo 他 的 电脑	*	zài 在	zhuōzi shàng. 桌子 上。
Xiǎo Sūn 小 孙	*	zài 在	bàngōngshì li. 办公室 里。
Wáng lǎoshī 王 老师	bú 不	zài 在	jiàoshì li. 教室 里。
Biànlìdiàn 便利店	bú 不	zài 在	chēzhàn lǐbiānr. 车站 里边儿。

（2）"吗"疑問文と反復疑問文　🎧 161

主語	述語
Tā de shǒujī 她 的 手机	zài zhèr ma? 在 这儿 吗？
Tāmen 他们	zài jiàoshì li ma? 在 教室 里 吗？
Tā 他	zài bu zài jiā? 在 不 在 家？

3

主述述語文

述語の部分が主述句で構成され、「〜は…が‐である」という意味を表す。述語にはふつう形容詞
が用いられる。

主語	述語	
	主語	述語
Dàxiàng 大象	bízi 鼻子	hěn cháng. 很 长。
Tā 他	gèzi 个子	hěn gāo. 很 高。
Zhōngguó 中国	rénkǒu 人口	hěn duō. 很 多。
Wǒ nǎinai 我 奶奶	shēntǐ 身体	bú tài hǎo. 不 太 好。

 162

形容詞の重ね型

形容詞が重ねて用いられると、描写性を強めたり、程度が高いことを示す。単音節の形容詞は"AA
型"に、二音節の形容詞は"AABB型"にする。 🎧 163

Nàge yǎnjing dàdà de gūniang shì tā mèimei.
那个 眼睛 大大 的 姑娘 是 他 妹妹。

Rénmen gāogāoxìngxìng de guò xīnnián.
人们 高高兴兴 地 过 新年。

Ⅰ 音声を聴いて漢字（簡体字）で書きとりましょう。 🎧 164

❶ ....

❷ ....

❸ ....

❹ ....

❺ ....

❻ ....

Ⅱ 日本語を中国語に訳しましょう。

❶ 王さんの右側の娘さんはどなたですか。

....

❷ 彼女のパソコンはここにあります。

....

❸ 彼らはみんな木の下（树下：shù xià）にいます。

....

❹ 銀行は駅のそばにあります。

....

❺ 君たちの学校はどこにありますか。

....

❻ 田中さんの家はあなたの家の後ろ側にあります。

....

新出単語

会話

qǐngwèn 请问 [動] おたずねします。

yínháng 银行 [名] 銀行。

zài 在 [動] （〜に）ある、いる。

nǎr 哪儿 [疑] どこ。

chāoshì 超市 [名] スーパーマーケット

pángbiānr 旁边儿 [名] わき。近く。

lí 离 [前] …から。…まで。"离"の用法については、P76参照。

duō 多 [副] どのくらい。どれほど。

yuǎn 远 [形] 距離・時間に隔たりがある。遠い。

zǒuzhe qù 走着去 歩いて行く。"着"の用法については PP105-106参照。

yòngbuliǎo 用不了 [動]（時間が）いくらもかからない。

li 里 [名] なか。内。

shítáng 食堂 [名] 食堂。

duō 多 [形] 多い。

xiànzài 现在 [名] 今。現在。

kǒngpà 恐怕 [副] おそらく。多分。

文法

hēibǎn 黑板 [名] 黒板。

shang 上 [名] 名詞の後ろに置き、場所であることを明確にする。

wūzi 屋子 [名] 部屋。

shūbāo 书包 [名] カバン

lǐmiàn 里面 [名] なか。内側。

dōngxi 东西 [名] 物。品物。

yòubianr 右边儿 [名] 右。右側。

zuǒbianr 左边儿 [名] 左。左側。

fángzi 房子 [名] 家。家屋。

nánbianr 南边儿 [名] 南。南側。

zhuōzi 桌子 [名] 机、テーブル。

Sūn 孙 [名] 孙。（"孙"は中国人の姓）

Bàngōngshì 办公室 [名] 事務室。

gèzi 个子 [名] 身長。体つき。

chēzhàn 车站 [名] 駅。停留所。

lǐbianr 里边儿 [名] なか。内側。

jiàoshì 教室 [名] 教室。

dàxiàng 大象 [名] 象

bízi 鼻子 [名] 鼻

cháng 长 [形] 長い。

rénkǒu 人口 [名] 人口。

nǎinai 奶奶 [名] 〈口〉父方の祖母。

shēntǐ 身体 [名] 身体。体

yǎnjing 眼睛 [名] 目。

dà 大 [形] 大きい。

gūniáng 姑娘 [名] 未婚の女性。娘。少女。女の子。

mèimei 妹妹 [名] 妹。

gāoxìng 高兴 [形] うれしい。うれしがる。愉快になる。

de 地 [助] 単語あるいは連語の後ろにおいて、連用修飾語であることを示す。

guò xīnnián 过新年 新年を迎える。

練習

gāo 高 [形] 高い。

shù 树 [名] 木。

xià 下 [名] 下。下の方。

hòumiàn 后面 [名] うしろ。うしろ側。

Nǐ míngtiān jǐ diǎn shàngkè?
你 明天 几 点 上课？

 会話

165

簡体字

Nǐ měitiān shuì jǐ ge xiǎoshí?
A: 你 每天 睡 几 个 小时？

Wǒ měitiān shuì bā ge xiǎoshí.
B: 我 每天 睡 八 个 小时。

Nǐ míngtiān jǐ diǎn shàngkè, jǐ diǎn xiàkè?
A: 你 明天 几 点 上课，几 点 下课？

Wǒ míngtiān jiǔ diǎn shàngkè, sì diǎn xiàkè.
B: 我 明天 九 点 上课，四 点 下课。

Nǐ jīntiān xiàkè hòu, yào qù dǎgōng ma?
A: 你 今天 下课 后，要 去 打工 吗？

Wǒ jīntiān wǎngshang qī diǎn yào qù dǎgōng.
B: 我 今天 晚上 七 点 要 去 打工。

Nǐ yìtiān dǎ jǐ ge xiǎoshí gōng?
A: 你 一天 打 几 个 小时 工？

Wǒ yìtiān dǎ sān ge xiǎoshí gōng.
B: 我 一天 打 三 个 小时 工。

繁體字

Nǐ měitiān shuì jǐ ge xiǎoshí?
A: 你 每天 睡 幾 個 小時？

Wǒ měitiān shuì bā ge xiǎoshí.
B: 我 每天 睡 八 個 小時。

Nǐ míngtiān jǐ diǎn shàngkè, jǐ diǎn xiàkè?
A: 你 明天 幾 點 上課，幾 點 下課？

Wǒ míngtiān jiǔ diǎn shàngkè, sì diǎn xiàkè.
B: 我 明天 九 點 上課，四 點 下課。

Nǐ jīntiān xiàkè hòu, yào qù dǎgōng ma?
A: 你 今天 下課 後，要 去 打工 嗎？

Wǒ jīntiān wǎngshang qī diǎn yào qù dǎgōng.
B: 我 今天 晚上 七 點 要 去 打工。

Nǐ yìtiān dǎ jǐ ge xiǎoshí gōng?
A: 你 一天 打 幾 個 小時 工？

Wǒ yìtiān dǎ sān ge xiǎoshí gōng.
B: 我 一天 打 三 個 小時 工。

文 法

1 時刻を表すことば

🎧 166

時刻					
1：00	<small>yì</small> 一	<small>diǎn</small> 点	<small>(zhōng)</small> （钟）		
2：05	<small>liǎng</small> 两	<small>diǎn</small> 点	<small>líng</small> 零	<small>èr</small> 二	<small>fēn</small> 分
3：15	<small>sān</small> 三	<small>diǎn</small> 点	<small>shíwǔ</small> 十五	<small>fēn</small> 分	
	<small>sān</small> 三	<small>diǎn</small> 点	<small>yí</small> 一	<small>kè</small> 刻	
4：30	<small>sì</small> 四	<small>diǎn</small> 点	<small>bàn</small> 半		
	<small>sì</small> 四	<small>diǎn</small> 点	<small>sānshí</small> 三十	<small>fēn</small> 分	
6：45	<small>liù</small> 六	<small>diǎn</small> 点	<small>sìshiwǔ</small> 四十五	<small>fēn</small> 分	
	<small>liù</small> 六	<small>diǎn</small> 点	<small>sān</small> 三	<small>kè</small> 刻	
7：55	<small>chà</small> 差	<small>wǔ</small> 五	<small>fēn</small> 分	<small>bā</small> 八	<small>diǎn</small> 点
	<small>qī</small> 七	<small>diǎn</small> 点	<small>wǔshiwǔ</small> 五十五	<small>fēn</small> 分	

2 時間の長さの言い方

🎧 167

～年間	<small>yì nián</small> 一 年	<small>liǎng nián</small> 两 年	<small>sān nián</small> 三 年
～日間	<small>yì tiān</small> 一 天	<small>liǎng tiān</small> 两 天	<small>sān tiān</small> 三 天
～ヵ月間	<small>yí ge yuè</small> 一 个 月	<small>liǎng ge yuè</small> 两 个 月	<small>sān ge yuè</small> 三 个 月
～週間	<small>yí ge xīngqī</small> 一 个 星期	<small>liǎng ge xīngqī</small> 两 个 星期	
～時間	<small>yí ge xiǎoshí</small> 一 个 小时	<small>liǎng ge xiǎoshí</small> 两 个 小时	<small>shí ge xiǎoshí</small> 十 个 小时
～分間	<small>yì fēn zhōng</small> 一 分 钟	<small>liǎng fēn zhōng</small> 两 分 钟	<small>shí fēn zhōng</small> 十 分 钟

3 時刻の尋ね方

		🎧 168
Xiànzài jǐ diǎn zhōng 现在 几 点（钟）？	xiànzài shàngwǔ bā diǎn yí kè 现在 （上午） 八 点 一 刻。 xiànzài xiàwǔ sì diǎn bàn 现在 （下午） 四 点 半。	

4 時間詞の用法

年月日、時刻、曜日などを表す単語はふつう動詞より前におく。

文頭におくと強調の意味合いを持つ。 🎧 169

Wǎnshang wǒmen qù Xiǎo Wáng jiā.
晚上 我们 去 小 王 家。

Jīntiān wǒ yǒu kè, míngtiān méiyǒu kè.
今天 我 有 课，明天 没有 课。

Nǐ měitiān jǐ diǎn qù xuéxiào?
你 每天 几 点 去 学校？

Wǒ bā diǎn qù, bā diǎn wǔshiwǔ fēn kāishǐ shàngkè.
—我 八 点 去，八 点 五十五 分 开始 上课。

主語	時間詞 （年月日・時刻・曜日）	動詞（句）
Wǒmen 我们	míngtiān 明天	yǒu kè. 有 课。
Nǐ 你	xià ge xīngqī 下 个 星期	yǒu kòngr ma? 有 空儿 吗？
Wǒ 我	xià ge yuè 下 个 月	qù Měiguó. 去 美国。
Wǒ 我	bā diǎn wǔshí 八 点 五十	kāishǐ shàngkè. 开始 上课。

5　時間量を表す補語

170　（1）動作、行為の継続時間を表す言葉、つまり時間量は補語なので動詞の後ろにおく。

主語	時間詞	動詞	補語〈時間量（動作、状態の持続時間）〉
Wǒmen 我们	měi ge xīngqī 每 个 星期	xiūxi 休息	liǎng tiān 两 天。
Tā 她	měitiān 每天	xuéxí 学习	liǎng ge xiǎoshí 两 个 小时。

171　（2）動詞が目的語を伴う場合は、①動詞を繰り返して用い、その動詞の後ろに置くか、②目的語の修飾語とする。また③目的語が人称代名詞の場合は、ふつう時間量は目的語の後ろに置く。

Wǒ xué Hànyǔ xuéle liǎngnián.
① 我 学 汉语 学了 两年。（私は中国語を2年間勉強しました）

Wǒmen xuéle liǎng nián Hànyǔ.
② 我们 学了 两 年 汉语。

Wǒmen děng tā bànge xiǎoshí.
③ 我们 等 她 半个 小时。（私たちは彼女を30分待ちます）

172　（3）時間量を表す時間詞は動詞の前に置いて、動作、行為の発生時点や期間を示すことができる。

Wǒ yí ge xīngqī gōngzuò sìtiān.
我 一 个 星期 工作 四天。（私は1週間に4日働きます）

Tā yìtiān xuéxí liǎng ge xiǎoshí Hànyǔ.
他 一天 学习 两 个 小时 汉语。（彼は1日に2時間中国語を勉強します）

6　**離合詞**　二音節からなる動詞で、その動詞そのものが「動詞＋目的語」を構成するもの。

173
dǎ / gōng　dǎ sān ge xiǎoshí gōng
打 / 工 ➡ 打 三 个 小时 工

shuì / jiào　shuì liù ge xiǎoshí jiào
睡 / 觉 ➡ 睡 六 个 小时 觉

shàng / kè　shàng liǎng jié kè.
上 / 课 ➡ 上 两 节 课。

xǐ / zǎo　xǐ liǎng cì zǎo
洗 / 澡 ➡ 洗 两 次 澡

71

I 音声を聴いて漢字（簡体字）で書きとりましょう。 🎧 174

1 ....

2 ....

3 ....

4 ....

5 ....

6 ....

II 日本語を中国語に訳しましょう。

1 私たちは午後12時55分に授業が始まります。

....

2 デパートは毎日午前10時に開店します。（百貨店：bǎihuòdiàn）

....

3 私は木曜日 4 時に授業が終わります。

....

4 あなたは毎日何時に寝ますか。（睡覚：shuìjiào）

....

5 彼女は毎日 1 時間体を鍛えます。（锻炼：duànliàn）

....

6 田中さんは毎日何時間寝ますか。

....

新出単語

měitiān 每天 [名] 毎日。

shuì 睡 [動] 眠る。寝る。

xiǎoshí 小时 [名] (時を数える単位)時間。

míngtiān 明天 [名] 明日。

jǐ diǎn 几点 何時。

shàng / kè 上课 [動] 授業をする。授業を受ける。授業に出る。

xià / kè 下课 [動] 授業が終わる。

Jīntiān 今天 [名] 今日。

dǎ / gōng 打工 [動] アルバイトをする。

hòu 后 [名] ～後。～してから。

wǎnshang 晚上 [名] 夜。晚。

yào 要 [助動] ～しなければならない。

yì tiān 一天 1日。

文法

diǎn 点 [助数] (時間の単位)時。

zhōng 钟 [名] 時間。時刻。

líng 零 [数] 零。ゼロ。

fēn 分 [助数] (時間の単位)分。

yí kè 一刻 [名] 15分。

bàn 半 [名] 半。

sān kè 三刻 [名] 45分。

chà 差 [動] 足りない。欠ける。

nián 年 [名] 年。

tiān 天 [名] 日数を数えるときに用いる。

... ge yuè ...个月 ...カ月。

... ge xīngqī ...个星期 ...週間。

... ge xiǎoshí ...个小时 ...時間。

... fēn zhōng ...分钟 ...分間。

xiànzài 现在 [名] 現在。いま。

kāishǐ 开始 [動] 開始する。始まる。

Xiǎo Wáng 小王 [名] 王さん。

jiā 家 [名] 家。

xià ge xīngqī 下个星期 [名] 来週。

kòngr 空儿 [名] 暇。

xià ge yuè 下个月 [名] 来月。

Měiguó 美国 [名] アメリカ。

měi ge xīngqī 每个星期 毎週。

xiūxi 休息 [動] 休む。休憩する。

liǎng tiān 两天 2日間。

xuéxí 学习 [動] 学ぶ。勉強する。

liǎng ge xiǎo shí 两个小时 2時間。

děng 等 [動] 待つ。

shuì / jiào 睡觉 [動] 眠る。寝る。

xǐ / zǎo 洗澡 [動] 入浴する。風呂に入る。

---

shū 书 [名] 本。

jié 节 [助数] 授業のコマ数など区切りのあるものに用いる。

bǎihuòdiàn 百货店 [名] デパート。

duànliàn 锻炼 [動] (身体や精神を)鍛える。

Qǐngwèn, huǒchēzhàn zěnme zǒu?
请问，火车站 怎么 走？

会話 💬

🎧 175

簡体字

Qǐngwèn, cóng zhèr qù huǒchēzhàn zěnme zǒu?
A: 请问，从 这儿 去 火车站 怎么 走？

Yìzhí wǎng qián zǒu, dàole shízì lùkǒu xiàng yòu guǎi jiùshi.
B: 一直 往 前 走，到了 十字 路口 向 右 拐 就是。

Lí zhèr yuǎn bu yuǎn?
A: 离 这儿 远 不 远？

Bú tài yuǎn, zǒu shí fēn zhōng jiù dào.
B: 不 太 远，走 十 分 钟 就 到。

....

Míngtiān wǒ xiǎng gēn nǐ yìqǐ qù kàn diànyǐng, hǎo ma?
A: 明天 我 想 跟 你 一起 去 看 电影，好 吗？

Hǎo a! Nàme, wǒmen jǐ diǎn jiànmiàn?
B: 好 啊！那么，我们 几 点 见面？

Wǔ diǎn bàn zài xuéxiào ménkǒu jiàn.
A: 五 点 半 在 学校 门口 见。

Hǎo de. Bú jiàn bú sàn.
B: 好 的。不 见 不 散。

繁體字

Qǐngwèn, cóng zhèr qù huǒchēzhàn zěnme zǒu?
A: 請問，從 這兒 去 火車站 怎麼 走？

Yìzhí wǎng qián zǒu, dàole shízì lùkǒu xiàng yòu guǎi jiùshi.
B: 一直 往 前 走，到了 十字 路口 向 右 拐 就是。

Lí zhèr yuǎn bu yuǎn?
A: 離 這兒 遠 不 遠？

Bú tài yuǎn, zǒu shí fēn zhōng jiù dào.
B: 不 太 遠，走 十 分 鐘 就 到。

....

Míngtiān wǒ xiǎng gēn nǐ yìqǐ qù kàn diànyǐng, hǎo ma?
A: 明天 我 想 跟 你 一起 去 看 電影，好 嗎？

Hǎo a! Nàme, wǒmen jǐ diǎn jiànmiàn?
B: 好 啊！那麼，我們 幾 點 見面？

Wǔ diǎn bàn zài xuéxiào ménkǒu jiàn.
A: 五 點 半 在 學校 門口 見。

Hǎo de. Bú jiàn bú sàn.
B: 好 的。不 見 不 散。

文 法

1 　　前置詞 "在"（zài）［～で］　動作、行為の行われる場所を示す。

🎧 176

主語	述語				
	前置詞	場所詞	動詞（V）	目的語（O）	語気助詞
Tā 他	zài 在	hēibǎn shang 黑板 上	xiě 写	zì. 字。	*
Xiǎo Chén 小 陈	zài 在	gōngyuán li 公园 里	wánr 玩儿	*	ma? 吗?
Wǒmen 我们	zài 在	nǎr 哪儿	chī 吃	fàn? 饭?	*
Tāmen 他们	zài 在	cāochǎng shang 操场 上	zuò 做	shénme? 什么?	*

2 　　前置詞 "从"（cóng）［～から］

空間、時間の起点を示す。

🎧 177

主語	前置詞	時間詞・場所詞	動詞（V）
Tā 他	cóng 从	Dàbǎn 大阪	lái. 来。
Diànyǐng 电影	cóng 从	jiǔ diǎn 九点	kāishǐ. 开始。
Wǒmen 我们	cóng 从	zhèr 这儿	zǒu ma? 走 吗?
Tā 她	cóng 从	nǎr 哪儿	lái? 来?
Nǐmen 你们	cóng 从	jǐ hào 几号	Kāishǐ kǎoshì? 开始考试?
Wǒ 我	cóng shàngwǔ jiǔ diǎn dào xiàwǔ wǔ diǎn 从 上午 九点 到 下午 五点		gōngzuò. 工作。

★从～到～ ～から～まで

3 前置詞 "离" (lí)

主語	前置詞	目的語	述語
Wǒ jiā 我 家	lí 离	dàxué 大学	hěn jìn. 很 近。
Zhōnshān gōngyuán 中山 公园	lí 离	chēzhàn 车站	yǒu liǎng gōnglǐ. 有 两 公里。
* 	lí 离	dàkǎo 大考	hái yǒu shí tiān. 还 有 十 天。
Nǐ jiā 你 家	lí 离	yínháng 银行	yuǎn ma? 远 吗?
Yínháng 银行	lí 离	zhèr 这儿	yuǎn bu yuǎn? 远 不 远?
Xiànzài （现在）	lí 离	shǔjià 暑假	hái yǒu jǐ tiān? 还 有 几 天?

🎧 178

4 前置詞 "跟" (gēn) ／ "和" (hé)

主語	前置詞	目的語		
Tā 他	hé 和	wǒ 我	* 	shāngliang ma? 商量（吗?）
Tā 他	hé 和	nǐ 你	* 	jiànmiàn ma? 见面（吗?）
Tā 她	hé 和	shéi 谁	* 	shuō? 说?
Tā 他	gēn 跟	nǐ 你	yìqǐ 一起	wánr ma? 玩儿 吗?
Nǐmen 你们	gēn 跟	tāmen 他们	yìqǐ 一起	qù Zhōngguó ma? 去 中国 吗?
Tā 她	gēn 跟	tā māmā 她 妈妈	yìqǐ 一起	qù mǎi dōngxi (ma?) 去 买 东西（吗?）

🎧 179

　前置詞 "**往**"（wǎng）"**到**"（dào）

［〜に向かって、〜へ］動作の向かう方向を示す。

 180

主語			前置詞	場所詞	動詞	疑問助詞
Nǐ 你			dào 到	túshūguǎn 图书馆	qù 去	ma? 吗？
Zhè 这	fēng 封	xìn 信	wǎng 往	Měiguó 美国	jì 寄	(ma?) （吗？）
Zhè 这	bān 班	huǒchē 火车	wǎng 往	nǎr 哪儿	kāi? 开？	

練習 9

I 音声を聴いて漢字（簡体字）で書きとりましょう。 🎧 181

❶ ....

❷ ....

❸ ....

❹ ....

❺ ....

❻ ....

II 日本語を中国語に訳しましょう。

❶ あなたの家から大学までどのくらいの時間がかかりますか。

....

❷ 王さんはしょっちゅう彼女といっしょにドライブに行きます。

....

❸ 私は彼に言ったのではありません。あなたに言ったのです。

....

❹ 上海行きの列車は何時に発車しますか。

....

❺ 横浜は東京から40km あります。

....

❻ 夏休みまでまだ2週間あります。

....

新出単語

会話

cóng 从 [前] …から。…より。[起点]

huǒchēzhàn 火车站 [名] (鉄道の)駅。

yìzhí 一直 [副] 真っすぐに。

wǎng 往 [前] …に向かって。…へ。

zǒu 走 [動] 歩く。前に進む。

dào 到 [動] 到達する。至る。到着する。

le 了 [助] 動作や状態の実現・完了を表す。

shízì lùkǒu 十字路口 [名] 十字路。

xiàng 向 [前] …に向かって。…へ。

yòu 右 [名] 右。

guǎi 拐 [動] 曲がる。

jiùshi 就是 まさしく…だ。とりもなおさず…だ。

lí 离 [前] …から。[基点]

yuǎn 远 [形] 遠い。

jiù 就 [副] (…すると)すぐ。

xiǎng 想 [助動] …したい。…したいと思う。…しようと考える。

gēn 跟 [前] …と。

yìqǐ 一起 [副] 一緒に。

hǎo 好 [形] (応答に用いて同意・了承などを表す)よろしい。よし。

a 啊 [助] 文末に用いて肯定の語気を表す。

nàme 那么 [接] では。じゃあ。

jiàn/miàn 见面 [動] 会う。面会する。

ménkǒu 门口 [名] 門。戸口。

jiàn 见 [動] 会う。対面する。

hǎo de 好的 わかりました。

bú jiàn bú sàn 不见不散 相手が来るまでその場で待つ(待ち合せの約束をする際の決まり文句)。では、約束しましたよ。

文法

wánr 玩儿 [動] 遊ぶ。

cāochǎng 操场 [名] 運動場。グラウンド。

zuò 做 [動] (仕事や活動を)する。

Dàbǎn 大阪 [名] 大阪。

kǎoshì 考试 [名] 試験。

cóng...dào... 从 ... 到 ... …から…まで。

chēzhàn 车站 [名] 駅。停留所。

gōnglǐ 公里 [助数] キロメートル。

dàkǎo 大考 [名] 学期末試験。

yínháng 银行 [名] 銀行。

hái 还 [副] まだ。あと。

Shì zhōngxīn 市中心 市の中心。

shǔjià 暑假 [名] 夏休み。

hé 和 [前] …と。

mǎi dōngxi 买东西 買い物をする。

fēng 封 [助数] (手紙を数える)通。

xìn 信 [名] 手紙。

jì 寄 [動] 郵送する。(手紙を)出す。

bān 班 [助数] 交通機関の定時便に用いる。

wǎng 往 [前] …に向かって。…へ。

kāi 开 [動] 発車する。

練習

tī zúqiú 踢足球 サッカーをする。

jīngcháng 经常 [副] しょっちゅう。しばしば。

dōufēng 兜风 [動] ドライブをする。

Héngbīn 横滨 [名] 横浜。

79

Nǐ zuótiān qù nǎr le?
你 昨天 去 哪儿 了？

会 話

182

簡体字

Nǐ zuótiān qù nǎr le?
A: 你 昨天 去 哪儿 了？

Qù shízhuāngdiàn mǎile liǎng jiàn Txùshān, nǐ ne?
B: 去 时装店 买了 两 件 T恤衫，你 呢？

Wǒ gēn tóngxué yìqǐ qù kàn zúqiú bǐsài le.
A: 我 跟 同学 一起 去 看 足球 比赛 了。

Nǎ liǎng ge duì bǐsài?
B: 哪 两 个 队 比赛？

Rìběn duì hé Déguó duì.
A: 日本 队 和 德国 队。

Rìběn duì yíngle méiyou?
B: 日本 队 赢了 没有？

Yíngle, sān bǐ yī.
A: 赢了，三 比 一。

Nà tài hǎo le.
B: 那 太 好 了。

繁體字

Nǐ zuótiān qù nǎr le?
A: 你 昨天 去 哪兒 了？

Qù shízhuāngdiàn mǎile liǎng jiàn Txùshān, nǐ ne?
B: 去 時裝店 買了 兩 件 T恤衫，你 呢？

Wǒ gēn tóngxué yìqǐ qù kàn zúqiú bǐsài le.
A: 我 跟 同學 一起 去 看 足球 比賽 了。

Nǎ liǎng ge duì bǐsài?
B: 哪 兩 個 隊 比賽？

Rìběn duì hé Déguó duì.
A: 日本 隊 和 德國 隊。

Rìběn duì yíngle méiyou?
B: 日本 隊 贏了 沒有？

Yíngle, sān bǐ yī.
A: 贏了，三 比 一。

Nà tài hǎo le.
B: 那 太 好 了。

1　完了を表す動態助詞 "了"（le）

　動詞の後ろに置き、動作、行為が完了したことを表す

（１）肯定形　🔽 183

①動詞が自動詞として単独で機能する場合

主語	動詞	了
Tā 他	lái 来	le. 了。
Xīnxuéqī 新学期	kāishǐ 开始	le. 了。
Yǔ 雨	tíng 停	le. 了。

②動詞が目的語を取る場合

　動態助詞 "了" とともに、語気助詞 "了" を用いる。

（ア）目的語に修飾語がついていない場合は、動態助詞 "了" は省略される。　🔽 184

主語	動詞	動態助詞	目的語	語気助詞
Wǒ 我	mǎi 买	le （了）	diànnǎo 电脑	le. 了。
Tā 他	dǎ 打	le （了）	diànhuà 电话	le. 了。
Wǒmen 我们	kàn 看	le （了）	diàn shì 电视	le. 了。

　★語気助詞 "了" を省略すると、文が完結しなくなる。

（イ）目的語に修飾語がついている場合は、ふつう語気助詞 "了" は省略される。　🔽 185

主語	動詞	動態助詞	修飾語	目的語	語気助詞
Wǒ 我	kàn 看	le 了	jīntiān de 今天 的	bào 报	le. （了）。
Tā 他	hē 喝	le 了	liǎng bēi 两 杯	kāfēi 咖啡	le. （了）。
Tā 她	mǎi 买	le 了	hěn duō 很 多	dōngxi 东西	le. （了）。

（2）否定形 🔽 186

主語	否定詞	動詞	目的語
Tā 他	méi（you） 没（有）	lái. 来。	*
Wǒ 我	méi（you） 没（有）	chī 吃	fàn. 饭。
Tā 她	méi（you） 没（有）	qù 去	Zhōngguó. 中国。

★"没有"の"没"は省略できる、動作、行為の未完了を表すから「〜しなかった」「〜ていない」
と訳せる。

（3）疑問形 🔽 187

"吗"疑問文	反復疑問文
Tā　láile　ma? 他　来了　吗？	Tā　láile　méiyou? 他　来了　没有？
Fēijīpiào　mǎile　ma? 飞机票　买了　吗？	Fēijīpiào　mǎile　méiyou? 飞机票　买了　没有？
Nǐmen　kàn diànyǐng　le　ma? 你们　看　电影　了　吗？	Nǐmen　kàn diànyǐng　le　méiyou? 你们　看　电影　了　没有？

★反復疑問文の"没有"の"有"は省略できない。

2　語気助詞の"了"（le）

（1）形容詞文に用いて、新しい状況の出現を示す。 🔽 188

Háizi　dà　le.
孩子　大　了。

Mǔqin　de　bìng　hǎo　le.
母亲　的　病　好　了。

（2）"是"述語文に用いて、新しい状態の出現を示す。 🔽 189

Tā　shì　dàxuéshēng　le.
她　是　大学生　了。

Tā　shì　bàba　le.
他　是　爸爸　了。

（3）一部の動詞に用い、状態の変化、新しい状況の出現を示す。 🎧 190

Tā yǒu nǚpéngyou le.
他 有 女朋友 了。

Wǒ míngtiān bú qù xuéxiào le.
我 明天 不 去 学校 了。

（4）名詞に直接ついて変化・到達を示す。 🎧 191

Yǐjīng jiǔ diǎn le.
已经 九 点 了。

Tā jīnnián èrshí suì le.
她 今年 二十 岁 了。

Ⅰ 音声を聴いて漢字（簡体字）で書きとりましょう。　🎧 192

❶ ....

❷ ....

❸ ....

❹ ....

❺ ....

❻ ....

Ⅱ 日本語を中国語に訳しましょう。

❶ 昨晩私はサッカーの試合を見に行きました。

....

❷ あなたはコーヒーを何杯飲みましたか。

....

❸ 彼は買い物をたくさんしました。

....

❹ 映画は始まりましたか。

....

❺ あなたは昨日何を買いましたか。

....

❻ 昨日は寒かったのですが、今日は暖かくなりました。

....

新出単語

💬 会話

shízhuāngdiàn 时装店 [名] ブティック。

mǎi 买 [動] 買う。

le 了 [助] 動作の完了を示す。

jiàn 件 [助数] (事柄や衣類を数える) 件。着。枚。

Txùshān T恤衫 [名] Tシャツ。

duì 队 [名] チーム。

Rìběn duì 日本队 [名] 日本チーム。

Déguó duì 德国队 [名] ドイツチーム。

bǐsài 比赛 [名] 試合。

yíng 赢 [動] 勝負に勝つ。

méiyou 没有 [副] 文末に置き、単純な疑問を示す。

bǐ 比 [動] (試合の得点などが) …対…である。

Nà tài hǎo le 那太好了 それはすばらしいですね。

📖 文法

xīn xuéqī 新学期 [名] 新学期。

yǔ 雨 [名] 雨。

tíng 停 [動] (雨などが) やむ。

dǎ 打 [動] (電話を) かける。

diànhuà 电话 [名] 電話。

kàn 看 [名] 見る。

diànshì 电视 [名] テレビ。

fēijīpiào 飞机票 [名] 航空券。

mǎi 买 [動] 買う。

le 了 [助] 新しい状況・状態の出現や変化を表す。

háizi 孩子 [名] 子ども。

dà 大 [形] 大きい。大きくなる。

mǔqin 母亲 [名] 母親。

bìng 病 [動] 病気になる。[名] 病気。

dàxuéshēng 大学生 [名] 大学生。

bù … le 不 … 了 ～しないことにした。～しないことになった。

yǐjīng 已经 [副] すでに。もう。

jīnnián 今年 [名] 今年。

✏️ 練習

dǎ diànhuà 打电话 電話をかける。

kàn diànshì 看电视 テレビを見る。

hái méi … 还没 … まだ～ない。

lěng 冷 [形] 寒い。

nuǎnhuo 暖和 [形] 暖かい。

Wǒ xiǎng xué Hànyǔ.
我 想 学 汉语。

会 話

🎧 193

簡体字

Wǒ hěn xiǎng xuéxí Hànyǔ.
A: 我 很 想 学习 汉语。

Wèi shénme?
B: 为 什么？

Yīnwei wǒ yào liúxué, děi xuéxí pǔtōnghuà hé Guǎngdōnghuà.
A: 因为 我 要 留学，得 学习 普通话 和 广东话。

Shì zhèyàng a. Nǐ měitiān xuéxí duō cháng shíjiān?
B: 是 这样 啊。你 每天 学习 多 长 时间？

Yí ge xiǎoshí zuǒyòu.
A: 一 个 小时 左右。

Wǒ juéde xuéxí shíjiān búgòu,
B: 我 觉得 学习 时间 不够，

yīnggāi měitiān xuéxí liǎng ge xiǎoshí.
应该 每天 学习 两 个 小时。

繁體字

Wǒ hěn xiǎng xuéxí Hànyǔ.
A: 我 很 想 學習 漢語。

Wèi shénme?
B: 為 什麼？

Yīnwei wǒ yào liúxué, děi xuéxí pǔtōnghuà hé Guǎngdōnghuà.
A: 因為 我 要 留學，得 學習 普通話 和 廣東話。

Shì zhèyàng a. Nǐ měitiān xuéxí duō cháng shíjiān?
B: 是 這樣 啊。你 每天 學習 多 長 時間？

Yí ge xiǎoshí zuǒyòu.
A: 一 個 小时 左右。

Wǒ juédé xuéxí shíjiān búgòu,
B: 我 覺得 學習 時間 不夠，

yīnggāi měitiān xuéxí liǎng ge xiǎoshí.
應該 每天 學習 兩 個 小時。

1 　助動詞 "想"（xiǎng）

動詞の前におき「…したい」「…したいと思う」と願望を表す。

（1）肯定形　🎧 194

主語	副詞	助動詞	述語
Wǒ 我	fēicháng （非常）	xiǎng 想	qù　Měiguó　lǚxíng. 去　美国　旅行。
Tā 他	hěn （很）	xiǎng 想	zài　Bālí　mǎi　dōngxi. 在　巴黎　买　东西。
Tā 他	hěn （很）	xiǎng 想	cānjiā　Hànyǔ　duǎnqī　péixùn. 参加　汉语　短期　培训。

（2）否定形　🎧 195

主語	否定詞	助動詞	述語
Wǒ 我	bù 不	xiǎng 想	qù　pá　shān. 去　爬　山。
Tā 他	bù 不	xiǎng 想	hé　nǐ　tán. 和　你　谈。
Wǒ 我	bù 不	xiǎng 想	xuéxí　yìshù. 学习　艺术。

（3）疑問形　🎧 196

主語	助動詞	述語	疑問助詞
Nǐ 你	xiǎng 想	xué　kāichē 学　开车	ma? 吗?
Nǐ 你	xiǎng 想	xué　diànnǎo 学　电脑	ma? 吗?
Nǐ 你	xiǎng　bu　xiǎng 想　不　想	mǎi　chē? 买　车?	*
Nǐ 你	xiǎng　bu　xiǎng 想　不　想	dǎgōng? 打工?	*

2 　助動詞 "要"（yào）

（1）「…したい」「…したがっている」と願望を表す。"要" は "想" より意志が強い。

（a）肯定形　🎧 197

主語	助動詞	述語
Wǒ 我	yào 要	chī　Zhōngguócài　tèbié　shì　Guǎngdōngcài. 吃　中国菜，特别　是　广东菜。
Tā 他	yào 要	dāng　fānyì. 当　翻译。
Tāmen 他们	yào 要	qù　kàn　Jīngjù. 去　看　京剧。

★"很" "非常" などの副詞を付けない。

(b) 否定形

主語	助動詞	述語	
Wǒ 我	bù xiǎng 不 想	chī là de cài. 吃 辣 的 菜。	🎧 198
Tā 他	bú yuànyì 不 愿意	dāng gōngrén hé lǎoshī. 当 工人 和 老师。	
Tā 她	bù xiǎng 不 想	kàn nàge diànyǐng hěn hàipà. 看 那个 电影，很 害怕。	

★否定形に"不要"を用いない。

(c) 疑問形

主語	助動詞	述語	
Nǐ 你	yào 要	chī Sìchuāncài ma? 吃 四川菜 吗？	🎧 199
Nǐmen 你们	yào 要	tīng juéshìyuè ma? 听 爵士乐 吗？	
Nǐ 你	yào bu yào 要 不 要	tiàowǔ? 跳舞？	

（2）「…しなければならない」「…すべきである」と必要・義務を表す場合

(a) 肯定形

主語	助動詞	述語	
Xuéshengmen 学生们	yào 要	nǔlì xuéxí. 努力 学习。	🎧 200
Wǒ 我	yào 要	gēn tā shuō. 跟 他 说。	
Nǐmen 你们	yào 要	shōují zīliào. 收集 资料。	

(b) 否定形

主語	助動詞	述語	
Nǐ 你	búyào 不要	hē tián de. 喝 甜 的。	🎧 201
Nǐ 你	búyào 不要	xī yān hē jiǔ. 吸 烟、喝 酒。	
Nǐmen 你们	búyòng 不用	mǎi kèběn, yào xiàzài. 买 课本，要 下载。	
Nǐmen 你们	búbì 不必	mǎi zhǐzhì cídiǎn, yào mǎi diànzǐ cídiǎn. 买 纸质 词典，要 买 电子 词典。	

3　助動詞　"应该"（yīnggāi）"应当"（yīngdāng）

「…でなければならない」「…すべきである」と蓋然性を表す。

（1）肯定形

主語	助動詞	述語
Nǐ 你	yīnggāi 应该	xiān gēn tā shuō. 先 跟 她 说。
Nǐmen 你们	yīnggāi 应该	qù liúxué. 去 留学。

🎧 202

（2）否定形

主語	助動詞	述語
Nǐ 你	bù yīnggāi 不 应该	chōu yān. 抽 烟。
Tā 他	bù yīnggāi 不 应该	chī yóunì de cài. 吃 油腻 的 菜。
Nǐ 你	bù yīnggāi 不 应该	shuì lǎnjiào. 睡 懒觉。
Xuéshengmen 学生们	bù yīnggāi 不 应该	kuàngkè. 旷课。

🎧 203

🎧 204

（3）疑問形

主語	助動詞	述語	
Wǒmen míngtiān 我们 明天	yīnggāi 应该	dǎsǎo fángjiān 打扫 房间	ma? 吗？
Wǒmen míngtiān 我们 明天	yīnggāi 应该	kǒutóu fābiǎo 口头 发表	ma? 吗？
Wǒmen 我们	yīnggāi bu yīnggāi 应该 不 应该	zhùyì wèishēng? 注意 卫生？	*
Wǒmen 我们	yìng bu yīnggāi 应 不 应该	zhùyì wèishēng? 注意 卫生？	*

I 音声を聞いて、日本語に訳しましょう。　🎧 205

❶ ....

❷ ....

❸ ....

❹ ....

❺ ....

❻ ....

II 正しい語順になるように並べ替えましょう。

❶ 私の妹はアメリカに留学したがっています。
   Měiguó liúxué　xiǎng　wǒ mèimèi　qù　hěn
（美国留学，想，我妹妹，去，很）

❷ 早く寝なさい。明日は早起きしなくてはなりません。
   ba　shuì　kuài　hái　yào　zǎoqǐ　míngtiān
（吧，睡，快 / 还，要，早起，明天）

❸ 私は中日辞典を買いたい。日中辞典は買いません。
   yào mǎi　wǒ　Hàn-Rì cídiǎn　Rì-Hàn cídiǎn　bù　mǎi
（要买，我，汉日词典 / 日汉词典，不，买）

❹ 気候がもうすぐ寒くなります。体の健康にしっかり注意すべきです。
   kuài yào　tiānqì　lěng le　hǎohāor　shēntǐ jiànkāng　zhùyì　yīnggāi
（快要，天气，冷了 / 好好儿，身体健康，注意，应该）

⑤ あなたはあやまるべきではありません。あなたはやるべきことをしたのですから。

nǐ dàoqiàn bù yīnggāi zuòle zuò de shì yīnggāi nǐ
（你，道歉，不应该／做了，做的事，应该，你）

---

⑥ 若者は政治に関心を持つべきで、投票に行くべきです。

niánqīngrén guānxīn zhèngzhì yīnggāi yīnggāi tóu piào qù
（年轻人，关心，政治，应该／应该，投票，去）

新出単語

💬 会話

hěn 很　副 1. 単音節形容詞の前におき、語調
　を整えるために使う。2.とても。たいへん。

xiǎng 想　助動 …したい。…したいと思う。
　…したいと願う。動 思う。考える。（大体
　50％の実現でなんとなく思う）。

xuéxí 学习　動 学習する。学ぶ。

Hànyǔ 汉语　名 漢語。中国語。漢民族の言語。

wèi shénme 为什么　疑 なぜ。どうして。

yīnwei 因为　接 …なので（原因を表す）。

yào 要　助動 1. …したい。（大体80％の見込
　みで思う。）…しようとする。2. …しなけれ
　ばならない。動 いる。必要とする。ほしい。

liúxué 留学　動 留学する。　名 留学。

děi 得　助動 …しなければならない。…する必
　要がある。

pǔtōnghuà 普通话　名 標準語。共通語。

hé 和　前 …と。

Guǎngdōnghuà 广东话　名 広東語。

zhèyàng 这样　代 このような。そのよう
　な。

měitiān 每天　名 毎日。

duō cháng shíjiān 多长时间　どのくら
　いの（長さの）時間。

xiǎoshí 小时　名 時間。

zuǒyòu 左右　名 くらい。約。

juéde 觉得　動 …と思う。感じる。考える。
　…のような気がする。

búgòu 不够　動 足りない。不足する。不
　十分だ。

yīnggāi 应该　助動 …すべきだ。当然…で
　あるべき。

📖 文法

xiǎng 想　助動 …したい。…したいと思う。
　願望を表す。⇔不想

fēicháng 非常　形 非常に。たいへん。きわ
　めて。

Měiguó 美国　名 アメリカ。米国。

lǚxíng 旅行　動 旅行する。　名 旅行。

Bālí 巴黎　名 パリ（フランス）。

mǎi 买　動 買う。購入する。

dōngxi 东西 名 品物。もの。

mǎi dōngxi 买东西　買い物をする。

cānjiā 参加 動 参加する。出席する。

duǎnqī 短期 名 短期。

péixùn 培训 名 研修。

pá shān 爬山　山に登る。山登りをする。

tán 谈 動 話す。語る。話し合う。

yìshù 艺术 名 芸術。

kāi / chē 开车 動 車を運転する。

diànnǎo 电脑 名 パソコン。

dǎ / gōng 打工 動 アルバイトをする。

Yào 要 助動 1．…したい。…したがっている。願望を表す。2…しなければならない。…すべきである。必要・義務を表す。⇔不要、不用、不必 動 ほしい。必要とする。

Zhōngguócài 中国菜 名 中華料理。

tèbié 特别 副 特に。特別に。形 特別な。

Guǎngdōngcài 广东菜 名 広東料理。

dāng 当 動 …になる。

fānyì 翻译 動 通訳する。名 通訳。通訳者。

Jīngjù 京剧 名 京劇。北京オペラ。

là 辣 形 （味が）からい。むごい。

cài 菜 名 料理。おかず。

yuànyì 愿意 助動 …したいと思う。…したいと望む。願う。

dāng 当 動 …になる。

gōngrén 工人 名 労働者。

lǎoshī 老师 名 教員。教師。

diànyǐng 电影 名 映画。

hàipà 害怕 動 怖い。恐れる。恐がる。

Sìchuāncài 四川菜 名 四川料理。

juéshìyuè 爵士乐 名 ジャズ（音楽）。

tiào / wǔ 跳舞 動 ダンスをする。踊る。

nǔlì 努力 名 努力。動 努力する。形 がんばる。

gēn 跟 前 …と。動 …について。

shuō 说 動 話す。しゃべる。語る。

shōují 收集 動 収集する。集める。

zīliào 资料 名 資料。データ。材料。

tián 甜 形 甘い。

de 的 助 …のもの。…の。

xī yān 吸烟　煙草を吸う。

hē jiǔ 喝酒　お酒を飲む。

búyào 不要 副 …するな。…しないで。禁止を表す。

búyòng 不用 副 …しなくてよい。…しないでください。…するに及ばない。

kèběn 课本 名 テキスト、教科書。

xiàzài 下载 名 ダウンロード。download。動 ダウンロードする。

búbì 不必 副 …するに及ばない。…する必要はない。

zhǐzhì cídiǎn 纸质词典 名 紙の辞書。紙製の辞書。

diànzǐ cídiǎn 电子词典 名 電子辞書。

yīnggāi 应该 助動 …すべき。…のはず。当然…である。…しなければならない。⇔不应该

yīngdāng 应当 助動 …すべき。…のはず。当然…である。…しなければならない。⇔不应该

xiān 先 副 まず。先に。

yóunì 油腻 形 脂っぽい。脂っこい。

cài 菜 名 料理。おかず。

shuì / jiào 睡觉 動 眠る。睡眠する。

shuì lǎnjiào 睡懒觉　朝寝坊する。

kuàng / kè 旷课 動 （授業を）さぼる。無断で欠席する。

dǎsǎo 打扫 動 掃除する。

fángjiān 房间 名 部屋。ルーム。

kǒutóu fābiǎo 口头发表 名 口頭発表。動 口頭発表する。プレゼンをする。

zhùyì 注意 動 注意する。名 注意。

wèishēng 卫生 名 衛生。

gěi 给 [前] …に。

lǐyóu 理由 [名] 理由。わけ。

fùmǔ 父母 [名] 父母。両親。

dǎ / diànhuà 打电话 電話をかける。

wèn 问 [動] 尋ねる。問う。

zuìjìn 最近 [名] 最近。この頃。近頃。

shēntǐ 身体 [名] 体。身体。

zěnmeyàng 怎么样 [疑] どのようですか。どんなであるか。

bìng 病 [名] 病気。[動] 病気になる。

hái 还 [副] 1．まだ。2．さらに。また。3．やはり。4．まあまあ。

quánhǎo 全好 完全に治った。すっかり良くなる。

chū / yuàn 出院 [動] 退院する。⇔住院

jìngyǎng 静养 [動] 静養する。[名] 静養。

zhǎo 找 [動] 1．探す。2．訪ねる。訪問する。3．お釣りを出す。4．（動詞の後に付く補語として）…に至る。…に到達する。

gōngzuò 工作 [動] 働く。[名] 仕事。

yǐ qián 以前 [名] 以前。

jié / hūn 结婚 [動] 結婚する。[名] 結婚。"跟…结婚"…と結婚する。

bì / yè 毕业 [動] 卒業する。[名] 卒業。

shí 时 [名] …の時。時刻。時間。

fúcóng 服从 [動] 従う。服従する。

fēipèi 分配 [動] 分配する。

dànshi 但是 [接] しかし。でも。

xiànzài 现在 [名] 今。現在。

bùyíyàng 不一样 同じでない。違う。

shàng / kè 上课 [動] 1．（生徒・学生が）授業を受ける。2．授業に出る。3．（教員が）授業を行う。

hǎohāor 好好儿 [形] しっかり。よい。きちんとしている。[副] 良く。ちゃんと。

huàjù 话剧 [名] 新劇。話劇。

Měiguó 美国 [名] アメリカ。米国。

kuài 快 [形] スピードが速い。[副] 早く。⇔慢

zǎoqǐ 早起 早起き。

Hàn-Rì cídiǎn 汉日词典 [名] 中日辞典。

Rì-Hàn cídiǎn 日汉词典 [名] 日中辞典。

tiānqì 天气 [名] 天気。

kuàiyào … le 快要 … 了 まもなく…だ。もうすぐ…だ。

lěng 冷 [形] 寒い。

jiànkāng 健康 [名] 健康。[形] 健康である。

dào / qiàn 道歉 [動] あやまる。

zuò 做 [動] する。行う。やる。作る。

niánqīngrén 年轻人 [名] 若者。

guānxīn 关心 [動] 関心をもつ。[名] 関心。

zhèngzhì 政治 [名] 政治。

2023年　後期

基礎中国語

Wǒ huì kāichē.
我 会 开车。

会 話 💬

🎧 206

簡体字

Nǐ huì kāichē ma?
A： 你 会 开车 吗？

Huì.
B： 会。

Wǒ kě bu kěyǐ zuò nǐ de chē?
A： 我 可 不 可以 坐 你 的 车？

Dāngrán kěyǐ. Rúguǒ nǐ bú pà sǐ, huānyíng huānyíng. (xiào)
B： 当然 可以。如果 你 不 怕 死，欢迎 欢迎。（笑）

Bié kāi wánxiào. Nǐ kāichē néng qù hǎibiān ma?
A： 别 开 玩笑。你 开车 能 去 海边 吗？

Gāng nádào jiàshǐ zhízhào, kāi hěn yuǎn de lù,
B： 刚 拿到 驾驶 执照，开 很 远 的 路，

hái bù xíguàn.
还 不 习惯。

繁體字

Nǐ kuài kāichē ma?
A： 你 會 開車 嗎？

Hui.
B： 會。

Wǒ kě bu kěyǐ zuò nǐ de chē?
A： 我 可 不 可以 坐 你 的 車？

Dāngrán kěyǐ. Rúguǒ nǐ bú pà sǐ, huanyíng huanyíng. (xiào)
B： 当然 可以。如果 你 不 怕 死， 歡迎 歡迎。（笑）

Biè kāi wánxiào. Nǐ kāichē néng qù hǎibiān ma?
A： 别 開 玩笑。你 開車 能 去 海邊 嗎？

Gāng nádào jiàshǐ zhízhào, kāi hěn yuǎn de lù,
B： 剛 拿到 駕駛 執照，開 很 遠 的 路，

hái bù xíguàn.
還 不 習慣。

文 法

1　助動詞 "会"

1. 訓練や練習を通して動作や技術ができるようになった場合。
2. 可能性があることを表し、「…のはずだ」。
3. 「…するのが上手だ」。

（1）肯定形　🔽207

主語	助動詞	述語
Wǒ 我	huì 会	kāichē. 开车。
Tā 她	huì 会	shuō　Yīngwén. 说　英文。
Jīntiān　xiàwǔ 今天　下午	huì 会	xià　dàyǔ. 下　大雨。
Tā 她	zhēn　huì 真　会	mǎi　dōngxi. 买　东西。
Tā 他	hěn　huì 很　会	shuōhuà. 说话。

（2）否定形　🔽208

主語	助動詞	述語
Tā 他	bú　huì 不　会	shuō　Xībānyáyǔ. 说　西班牙语。
Jīntiān　xiàwǔ 今天　下午	bú　huì 不　会	dǎléi、xiàyǔ. 打雷、下雨。
Tā 他	bú　huì 不　会	guò　rìzi. 过　日子。

（3）疑問形　🔽209

主語	助動詞	述語
Nǐ 你	huì 会	tán　gǔqín　ma? 弹　古琴　吗？
Nǐ 你	huì 会	yóuyǒng　ma? 游泳　吗？
Nǐ 你	huì　bu　huì 会　不　会	yòng　diànnǎo　dǎ　Zhōngwén　zì? 用　电脑　打　中文　字？

2　助動詞 "能"(néng) "可以"(kě yǐ)

（1）肯定形　🔽 210

1．能力があってできる。　　2．条件が整っていてできる。　　3．周囲の事情からみて許される。

主語	助動詞	述語
Wǒ 我	néng 能	kàn Zhōngwén zázhì. 看 中文 杂志。
Wǒmen 我们	néng 能	yíkuàir qù. 一块儿 去。
Tā 她	kěyǐ 可以	cānjiā míngtiān de wǔhuì. 参加 明天 的 舞会。
Wǒ 我	kěyǐ 可以	jiǎn tóufa. 剪 头发。

（2）否定形　🔽 211

主語	助動詞	述語
Tā 她	bù néng 不 能	kàn Zhōngwén xiǎoshuō. 看 中文 小说。
Wǒmen 我们	bù néng 不 能	yíkuàir cānjiā. 一块儿 参加。
Tā 他	bù néng 不 能	xiě shūfǎ. 写 书法。
Tā 她	bù néng 不 能	yòng Excel. 用 Excel。

★禁止の意味を表すには、ふつう "不 能"(bù néng)を使う。"不 可以"(bù kěyǐ)を用いても良い。

（3）疑問形　🔽 212

主語	助動詞	述語
Nǐ 你	néng 能	gēn wǒ yìqǐ zhàoxiàng ma? 跟 我 一起 照相 吗？
* 	Kěyǐ 可以	pāi shìpín ma? 拍 视频 吗？
Nǐ 你	néng bu néng 能 不 能	jiāo wǒ Zhōngwén? 教 我 中文？
Zhèr 这儿	kě yǐ bu kěyǐ 可（以）不 可以	zuò? 坐？
Zhèr 这儿	kěyǐ bu kěyǐ 可以 不 可以	pāizhào? 拍照？

I 音声を聞いて、訳しましょう。　🎧 213

① ....

② ....

③ ....

④ ....

⑤ ....

⑥ ....

⑦ ....

⑧ ....

Ⅱ 正しい語順になるように並べ替えましょう。

① 安心してください。この問題は必ず解決することができます。
　fàngxīn　qǐng　néng jiějué　yídìng　zhège wèntí
（放心，请 / 能解决，一定，这个问题）

② たとえば、電車の中、図書館の中で、携帯電話を使って話をしてはいけません。
　diànchē li　túshūguǎn li　bù kěyǐ　shuōhuà　bǐrú shuō　yòng shǒujī
（电车里，图书馆里，不可以，说话，比如说，用手机）

③ 授業中は精神を集中して学習しなければなりません。電子ゲームするべきではありません。
　shàng kè shí　xuéxí　yào　jízhōng jīnglì　bù kěyǐ　diànzǐ yóuxì　wánr
（上课时，学习，要，集中精力 / 不可以，电子游戏，玩儿）

❹ 授業中に、たくさん中国語を話すと、進歩が速いです。

shàng kè shí　　jìnbù　　duōshuō　huì　hěn kuài　Hànyǔ
（上课时，进步，多说，会，很快，汉语）

---

❺ 授業の復習をする時、いい加減にしてはいけない。

　bù néng　gōngkè　fùxí　shí　mǎmǎhūhū
（不能，功课，复习，时，马马虎虎）

---

❻ あなたは明日のコンサートに参加できます。私は明後日（あさって）に試験がある
ので、参加できません。

cānjiā　　kěyǐ　　nǐ　míngtiān de yīnyuèhuì　kǎoshì　yǒu　hòutiān　wǒ　cānjiā　bù néng　suǒyǐ
（参加，可以，你，明天的音乐会／考试，有，后天，我，参加，不能，所以）

新出単語

💬 会話

huì 会 [助動] 1．…できる。（学習して修得した技術）ができる。2．…のはずである。3．…の可能性がある。[動] 1．できる。2．会う。⇔不会

kāi/chē 开车　車を運転する。

kěyǐ 可以 [動] 大丈夫。よろしい。悪くない。[助動] …できる。…してかまわない。（許容範囲にある）

zuò 坐 [動] 1 乗る。2 座る。腰掛ける。

dāngrán 当然 [副] もちろん。当然。

rúguǒ 如果 [接] もし…ならば。

pà 怕 [動] 恐れる。恐怖を感じる。こわがる。心配する。

pà sǐ 怕死　死ぬのが恐い。死ぬのを恐れる。

huānyíng 欢迎 [動] 歓迎する。[名] 歓迎。

bié 别 [副] …するな。…してはいけない。禁止を表す。[形] ほかの。別の。

kāi wánxiào 开玩笑　冗談を言う。

néng 能 [助動] …できる。（能力・可能性を表す）能力・条件・周囲の事情からみて許容される。[動] できる。

hǎibiān 海边 [名] 海。

gāng 刚 [副] …したばかり。たった今。さっき。

ná/dào 拿到 [動] 取得する。手に入れる。

jiàshǐ zhízhào 驾驶执照 [名] 運転免許。

yuǎn 远 [形] 遠い。

lù 路 [名] 道。道路。

xíguàn 习惯 [動] 慣れる。[名] 習慣。

Yīngwén 英文 [名] 英語。英文。

xià dàyǔ 下大雨　大雨が降る。

zhēn 真 [副] 本当に。真に。

Xībānyáyǔ 西班牙语 [名] スペイン語。

dǎ / léi 打雷　雷が鳴る。

xià / yǔ 下雨　雨が降る。

guò 过 [動] 過ごす。過ぎる。

rìzi 日子 [名] 暮らし。生活。

guò rìzi 过日子　生活する。日々やりくりする。日常を過ごす。

tán 弹 [動] （楽器を）弾く。

gǔqín 古琴 [名] 古琴（七弦琴）

tán gǔqín 弹古琴　古琴（七弦琴）を弾く。

yóu / yǒng 游泳 [動] 泳ぐ。水泳をする。[名] 泳ぎ。水泳。

zì 字 [名] 字。文字。語。

Zhōngwén 中文 [名] 中国語。中国文学。

zázhì 杂志 [名] 雑誌。

yíkuàir 一块儿 [副] いっしょに。

wǔhuì 舞会 [名] ダンスパーティー。

jiǎn tóufa 剪头发　髪の毛を切る。カットする。

xiǎoshuō 小说 [名] 小説。ノベル。

xiě 写 [動] 書く。

shūfǎ 书法 [名] 書道。

yìqǐ 一起 [副] 一緒に。　＝"一块儿 yíkuàir"

zhào / xiàng 照相 [動] 写真を撮る。

pāi 拍 [動] 撮影する。撮る。録画する。

shìpín 视频 [名] 動画。ビデオ。

pāi / zhào 拍照 [動] 写真を撮る。

mǐ 米 [助数] メートル。m。

yìbǎi mǐ 一百米　百メートル。

jùzi 句子 [名] 文。センテンス。（" 。 "丸まで長さの一文。）

jiǎndān 简单 [形] 簡単である。やさしい。たやすい。容易。

jǐshì 解释 [動] 解釈する。説明する。釈明する。[名] 解釈。説明。

cǎiqǔ 采取 [動] とる。採用する。

cuòshī 措施 [名] 対策。措置。処置。

huánjìng wūrǎn 环境污染 [名] 環境污染。

gèng 更 [副] さらに。更に。また。そのうえ。いっそう。ますます。

lìhai 厉害 [形] ひどい。程度がはなはだしいこと。きつい。はげしい。

liàn'ài 恋爱 [名] 恋愛。[動] 恋愛する。

tán liàn'ài 谈恋爱　恋愛をする。

bǐ 比 [前] …より。…に比べて。[動] 比較する。

zìyóu 自由 [名] 自由。

shēnzào 深造 [動] 探究する。深く研究する。造詣を深める。

Fǎyǔ 法语 [名] フランス語。

Fǎguó 法国 [名] フランス。

guānguāng lǚyóu 观光旅游 [名] 観光旅行。

Hā'ěrbīn 哈尔滨 [名] ハルピン（黒竜江省）

Guǎngzhōu 广州 [名] 広州（広東省）

bú huì 不会 [動][助動] 1…できない。2…するはずがない。

fàng / xīn 放心 [動] 安心する。

wèntí 问题 [名] 問題。質問。事故。

yídìng 一定 [副] 必ず。きっと。

jiějué 解决 [動] 解決する。

bǐrú shuō 比如说　たとえば。

diànchē 电车 [名] 電車。

túshūguǎn 图书馆 [名] 図書館。

bù kěyǐ 不可以 動 助動 …することができない。…できない。…することを許さない。…してはいけない。

yòng 用 動 用いる。使う。

shǒujī 手机 名 携帯電話。

yào 要 助動 …しなければならない。…したい。動 ほしい。必要とする。

jízhōng 集中 動 集中する。

jīnglì 精力 名 精力。根気。体力と気力。

jízhōng jīnglì 集中精力 精神を集中させる。神経を集中する。

wánr 玩儿 動 遊ぶ。

diànzǐ yóuxì 电子游戏 名 テレビや携帯電話で遊ぶ電子ゲーム。テレビゲーム。

duō shuō 多说 多く話す。たくさん話す。

jìnbù 进步 動 進歩する。名 進歩。⇔ 退步 tuìbù

fùxí 复习 動 復習する。⇔ 预习 yùxí

gōngkè 功课 名 授業。

fùxí gōngkè 复习功课 授業の復習をする。

mǎmǎhūhū 马马虎虎 形 いい加減な。適当な。（"马虎" mǎhu の AABB 型。）

yīnyuèhuì 音乐会 名 音楽会。コンサート。

kǎoshì 考试 名 試験。テスト。

suǒyǐ 所以 接 だから。…ですから。"因为…, 所以…" yīnwei suǒyǐ で因果関係を表す。

Wǒ zhèngzài kàn diànshì ne.
我 正在 看 电视 呢。
Wǒ dàizhe yǎnjìngr ne.
我 戴着 眼镜儿 呢。

会 話

🎧 214

簡体字

Nǐ zài zuò shénme?
A: 你 在 做 什么？

Wǒ zhèngzài kàn diànshì ne.
B: 我 正在 看 电视 呢。

Wǒmen yìqǐ chūmén, zěnmeyàng?
A: 我们 一起 出门，怎么样？

Hǎo a. Wǒ yào huàn yīfu, chuān qúnzi chūqu.
B: 好 啊。我 要 换 衣服，穿 裙子 出去。

Wǒ zài kàn diànshì děngzhe nǐ ne.
A: 我 在 看 电视 等着 你 呢。

Wǒ de yǎnjìngr ne ...., à, wǒ dàizhe ne.
B: 我 的 眼镜儿 呢 ………，啊，我 戴着 呢。

Nǐ ya, zhēn hútu, dàizhe yǎnjìngr zhǎo yǎnjìngr.
A: 你 呀，真 糊涂，戴着 眼镜儿 找 眼镜儿。

繁體字

Nǐ zài zuò shénme?
A: 你 在 做 什麼？

Wǒ zhèngzài kàn diànshì ne.
B: 我 正在 看 電視 呢。

Wǒmen yìqǐ chūmén, zěnmeyàng?
A: 我們 一起 出門，怎麼樣？

Hǎo a. Wǒ yào huàn yīfu, chuān qúnzi chūqu.
B: 好 啊。我 要 換 衣服，穿 裙子 出去。

Wǒ zài kàn diànshì děngzhe nǐ ne.
A: 我 在 看 電視 等著 你 呢。

Wǒ de yǎnjìngr ne, ... à, wǒ dàizhe ne.
B: 我 的 眼鏡兒 呢，………啊，我 戴著 呢。

Nǐ ya, zhēn hútu, dàizhe yǎnjìngr zhǎo yǎnjìngr.
A: 你 呀，眞 糊塗，戴著 眼鏡兒 找 眼鏡兒。

1　動作の進行、状態の持続の表現——"正^{zhèng}"／"正在^{zhèngzài}"／"在^{zài}"

動作の進行を表す。「…している、ちょうど…しているところである」

（1）副詞　"正^{zhèng}"　　肯定形　🎧 215

動詞・形容詞の前におく。"正^{zhèng}"は動作の時間に重点がある。

主語	副詞	動詞・形容詞	動態助詞	目的語	語気助詞
Tā 她	zhèng 正	shàng 上	zhe 着	kè 课	ne. 呢。
Tā 她	zhèng 正	kàn 看	zhe 着	diànshì 电视	ne. 呢。
Wǒmen 我们	zhèng 正	duànliàn 锻炼	zhe （着）	shēntǐ 身体	ne. （呢）。

★単音節の動詞・形容詞は、必ず持続を表す"着^{zhe}"を併用する。
　二音節の場合は、用いなくても良い。

（2）副詞"在^{zài}"、"正在^{zhèngzài}"　　肯定形　🎧 216

動詞・形容詞の前におく。"在^{zài}"は状態を指すことに重点がある。

主語	副詞	動詞・形容詞	目的語	語気助詞
Tāmen 他们	zài 在	kāi 开	huì 会	ne. 呢。
Tāmen 他们	zhèngzài 正在	chī 吃	wǔfàn 午饭	ne. 呢。
Wǒ 我	zhèngzài 正在	kàn 看	tiānqì　yùbào 天气　预报	ne. 呢。

★持続性・反復性のある動詞に用い、瞬間動詞には用いられない。

（3）否定形　🎧 217

"正^{zhèng}""在^{zài}""正在^{zhèngzài}"に否定形はない。否定文は下記のように言う。

主語	否定詞	動詞	目的語	語気助詞
Tā 她	méi 没	tīng 听	xīnwén 新闻	ne. 呢。
Wǒ 我	méi 没	kàn 看	píngbǎn　diànnǎo 平板　电脑	ne. 呢。
Tā 他	méi 没	pāi 拍	shìpín. 视频。	＊
Tāmen 她们	méi 没	shàng 上	wǎng. 网。	＊

（4）疑問形 🎧 218

主語	副詞	動詞・形容詞	目的語	疑問詞
Tā 他	zhèng 正	wánr 玩儿	diànzǐ　yóuxì 电子　游戏	ma? 吗？
Tāmen 他们	zhèngzài 正在	zuò 坐	diànchē 电车	ma? 吗？
Nǐmen 你们	zài 在	zuò 做	shénme? 什么？	*
Nǐmen 你们	zài 在	yìlùn 议论	shénme? 什么？	*

2　動態助詞　"着"（zhe）

動詞、形容詞の後ろにおき、動作の進行・状態の持続を表す。

（1）動作の進行を表す場合 🎧 219

主語	副詞	動詞	動態助詞	目的語	語気助詞
Wǒ 我	zhèngzài （正在）	chī 吃	zhe 着	wǎnfàn 晚饭	ne. （呢）。
Tāmen 他们	zài （在）	kàn 看	zhe 着	diànyǐng 电影	ne. （呢）。
Tā 他	zài （在）	huà 画	zhe 着	huàr 画儿	ne. （呢）。

（2）状態の持続を表す場合 🎧 220

★持続性のない、瞬時に動作が完了する動詞に用いる。"正"（zhèng）"正在"（zhèngzài）"在"（zài）は用いれない。

主語	動詞	動態助詞	目的語	語気助詞
Tā 她	dài 戴	zhe 着	yǐnxíng　yǎnjìng 隐形　眼镜	ne. （呢）。
Tā 他	dài 戴	zhe 着	shǒubiǎo 手表	ne. （呢）。
Háizi 孩子	xiě 写	zhe 着	Hànzì 汉字	ne. （呢）。

（3）否定形 🎧 221

主語	否定詞	動詞	動態助詞	目的語
Wǒ 我	méi　you 没（有）	dài 戴	zhe 着	shǒubiǎo. 手表。
Men 门	méiyou 没有	kāi 开	zhe. 着。	*
Tā 她	méiyou 没有	zuò 坐	zhe. 着。	*

★（2）の状態の持続を表す場合、"着"は省略できない。

（4）疑問形 🎧 222

主語	副詞	動詞	動態助詞	目的語	語気助詞
Nǐ 你	*	dài 戴	zhe 着	ěrjī 耳机	ma? 吗?
Chuānghu 窗户	*	kāi 开	zhē 着	*	ma? 吗?
Tā 他	zài 在	dǎ 打	*	diànhuà 电话	ma? 吗?
Tā 他	zài 在	chī 吃	*	fàn 饭	ma? 吗?

---

3 **"在" と "着" が両方使える場合の意味の相異**
（zài）（zhe）

🎧 223

> Wǒ zài dài yǎnjìngr.
> 我 在 戴 眼镜儿。 私はメガネをかけています。（動作の瞬間、かけているところ）
>
> Wǒ dàizhe yǎnjìngr.
> 我 戴着 眼镜儿。 私はメガネをかけています。（状態の持続、ずっとかけている）

> Tā zài dài ěrhuán ne.
> 她 在 戴 耳环 呢。 彼女はピアスを付けています。（動作の瞬間、付けているところ）
>
> Tā dàizhe ěrhuán ne.
> 她 戴着 耳环 呢。 彼女はピアスを付けています。（状態の持続、ずっと付けている）

> Tā zhèngzài chuān yīfu.
> 她 正在 穿 衣服。 彼女はちょうど服を着ているところです。（動作の進行を表す。
> 服を着る動作をしている最中である。着ているところ）
>
> Tā chuānzhe yí jiàn hóng yīfu.
> 她 穿着 一 件 红 衣服。 彼女は赤い服を着ています。（状態の持続、ずっと着
> ている）

Ⅰ 音声を聞いて、日本語に訳しましょう。　🎧224

❶ ....

❷ ....

❸ ....

❹ ....

❺ ....

❻ ....

❼ ....

Ⅱ 正しい語順になるように並べ替えましょう。

❶ 彼女は手に一輪の花を持っています。
　　 yì duǒ huā　shǒulǐ　tā　názhe
　　（一朵花，手里，她，拿着）

　　　...

❷ 外は雨が降っています。
　　 yǔ　zhe　wàimian　xià
　　（雨，着，外面，下）

　　　...

❸ 楊さんと王さんは、ちょうど話しているところです。
　　 shuōhuà　zài　zhèng　LǎoYáng hé LǎoWáng
　　（说话，在，正，老杨和老王）

　　　...

❹ 昨日、私が彼に電話をかけた時、あなたは何をしていましたか？
　　 zuótiān　de shíhou　dǎ diànhuà　wǒ gěi tā　zuò　shénme　zài　nǐ
　　（昨天，的时候，打电话，我给他／做，什么，在，你，？）

　　　...

❺ 私が台所に入った時、彼女は冷蔵庫を開けていました。

de shíhou　wǒ jìn　chúfáng bīngxiāng dǎkāi　tā zhèng
（的时候，我进，厨房／冰箱，打开，她正）

❻ 窓が開いています、部屋が寒いです。

zhe chuānghu kāi　ne　hěn lěng fángjiān
（着 窗户，开，呢／很冷，房间）

新出単語

💬 会話

zài 在 [副]…している。（動詞の前において動作の進行を表す）[動] 存在する。ある。…にいる。[前]…に。…で。

zhèngzài 正在 [副] ちょうど…している。

chū / mén 出门 [動] 出かける。外出する。

zěnmeyàng 怎么样 [疑] どのようですか。どですか。

huàn yīfu 换衣服 洋服を換える。洋服を着替える。

chuān 穿 [動] 着る。はく。

qúnzi 裙子 [名] スカート。

děng 等 [動] 待つ。

zhe 着 [助]…している。動作の進行・状態の持続を表す。

dài 戴 [動] 1. 付ける。身に着ける。携帯する。2. かぶる。のせる。

yǎnjìngr 眼镜儿 [名] メガネ。眼鏡。

zhǎo 找 [動] 探す。

hútu 糊涂 [形] わけがわからない。愚かである。頭が混乱している。

📖 文法

zhèng 正 [副] まさに。ちょうど。

duànliàn 锻炼 動 鍛錬する。鍛える。トレーニングする。

shēntǐ 身体 [名] 体。身体。

kāi / huì 开会 会議を開く。

wǔfàn 午饭 [名] 昼ご飯。

tiānqì yùbào 天气预报 [名] 天気予報。

tīng xīnwén 听 新闻 ニュースを聞く。

píngbǎn diànnǎo 平板电脑 [名] タブレット。

shàng / wǎng 上网 [動] インターネットに接続する。ネットにアクセスする。

yìlùn 议论 [動] 議論する。[名] 議論。

wǎnfàn 晚饭 [名] 夕ご飯。晩御飯。

diànyǐng 电影 [名] 映画。

huà 画 [動] 描く。

huàr 画儿 [名] 絵。絵画。

huà huàr 画 画儿 絵を描く。

yǐnxíng yǎnjìng 隐形眼镜 名 コンタクトレンズ。

shǒubiǎo 手表 名 腕時計。

zhàn 站 動 立つ。

tǎng 躺 動 横になる。

Hànzì 汉字 名 漢字。

kāi 开 動 1．スイッチを入れる。つける。2．開ける。開く。⇔关

guān 关 動 1．スイッチを消す。2．閉じる。⇔开

mén 门 名 ドア。出入口。

zhe 着 助 …している。（動詞の後について状態の持続を表す）

ěrjī 耳机 名 イヤフォン。イヤホーン。

chuānghu 窗户 名 窓。

ěrhuán 耳环 名 ピアス。イアリング。耳飾り。

hóng 红 形 赤い。

yīfu 衣服 名 洋服。衣服。

練習

zuòyè 作业 名 宿題。動 作業をする。

zhè běn shū 这本书 この本。この（一冊）の書籍。

shū 书 名 本。書籍。

xiǎoháir 小孩儿 名 子ども。

yòushǒu 右手 名 右手。

bào 抱 動 抱く。抱える。

zhī 只 助数 …匹。

māo 猫 名 猫。

zuǒshǒu 左手 名 左手。

shūbāo 书包 名 かばん。学校にもっていくかばん。

dǎ májiàng 打麻将 麻雀をする。

liàn shūfǎ 练书法 書道の練習をする。

kèren 客人 名 お客さん。

kètīng 客厅 名 客間。応接間。

miànlín 面临 動 …に面する。直面する。

zhīshi fènzi 知识分子 名 知識分子。インテリ。

réncái wàiliú 人才外流 人材流出

wēijī 危机 名 危機

xiànzài 现在 名 現在

yǐjīng 已经 副 すでに。もう。

jiéshù 结束 動 終わる。終結する。

shǒu 手 名 手。

yì duǒ huā 一朵花 一輪の花。

wài mian 外面 名 外。外側。表面。

LǎoYáng 老杨 楊さん。（“老”は自分より年上の人に親しみを込める “楊”は中国人の姓）

LǎoWáng 老王 王さん。（“王”は中国人の姓）

de shíhou 的时候 …の時。

wǒ gěi tā 我给他… 前 私は彼に…する。（“给”は前置詞「…に」うしろに動詞を伴う。）

参考 （動 “我给他这个。”私は彼にこれをあげる。“给”は二重目的語をとる動詞。与える。手渡す。）

jìn 进 動 入る。

chúfáng 厨房 名 台所。厨房。クッキングルーム。キッチン。

dǎ / kāi 打开 動 開ける。開く。

bīngxiāng 冰箱 名 冷蔵庫。

第 **14** 課

Wǒ shì zuò gōnggòng qìchē lái de.
我 是 坐 公共 汽车 来 的。

会 話

🎧 225

簡体字

A: Nǐ shì zěnme lái xuéxiào de?
你 是 怎么 来 学校 的？

B: Wǒ shì zuò gōnggòng qìchē lái de.
我 是 坐 公共 汽车 来 的。

A: Kuàiyào dào Shèngdàn Jié le.
快要 到 圣诞 节 了。

B: Nǐ yǒu shénme dǎsuan?
你 有 什么 打算？

A: Wǒ yào zhǔnbèi kǎoshì. Nǐ chīguo Shèngdàn dàngāo ma?
我 要 准备 考试。你 吃过 圣诞 蛋糕 吗？

B: Dāngrán chīguo. Shì gēn jiālirén yìqǐ chī de.
当然 吃过。是 跟 家里人 一起 吃 的。

繁體字

A: Nǐ shì zěnme lái xuéxiào de?
你 是 怎麼 來 學校 的？

B: Wǒ shì zuò gōnggòng qìchē lái de.
我 是 坐 公共 汽車 來 的。

A: Kuàiyào dào Shèngdàn Jié le.
快要 到 聖誕 節 了。

B: Nǐ yǒu shénme dǎsuan?
你 有 什麼 打算？

A: Wǒ yào zhǔnbèi kǎoshì. Nǐ chīguo Shèngdàn dàngāo ma?
我 要 準備 考試。你 吃過 聖誕 蛋糕 嗎？

B: Dàngrán chīguo. Shì gēn jiālirén yìqǐ chī de.
當然 吃過。是 跟 家裡人 一起 吃 的。

1 "是…的" 構文
_{shì} _{de}

過去の動作について、主体・日時・場所・方法などを強調する。

（1）肯定形 🎧 226

主語		状況語		動詞		目的語
Tā 他	shì （是）	zuò chūzūchē 坐 出租车		lái 来	de. 的。	*
Wǒ 我	shì （是）	zài bǎihuò dàlóu 在 百货 大楼		mǎi 买	de 的	yīfu. 衣服。
Wǒ 我	shì （是）	gēn tā yìqǐ 跟 他 一起		qù zhǎo 去 找	*	Lǐ lǎoshī de. 李 老师 的。
Tā 他	shì （是）	qiántiān 前天		dào 到	de. 的。	*

★"是" はふつう省略する。目的語がある場合は、"的" はその前におく。
　ただし、目的語が人を表したり人称代名詞の時は、"的" が文末におく。

（2）否定形 🎧 227

主語		状況語		動詞		目的語
Tā 她	búshì 不是	qí chē 骑 车		lái 来	de. 的。	*
Tā 她	búshì 不是	zuò fēijī 坐 飞机		qù 去	de. 的。	*
Wǒ 我	búshì 不是	zài shūdiàn 在 书店		mǎi 买	de 的	shū. 书。
Tā 他	búshì 不是	gēn wǒ 跟 我		yìqǐ chūmén 一起 出门	de. 的。	*

★否定の "不是" は省略できない。

（3）疑問形 🎧 228

主語		状況語	動詞		目的語	語気助詞
Tā 他	shì （是）	zuótiān 昨天	lái 来	de 的	*	ma? 吗？
Tā 他	shì （是）	zuò diànchē 坐 电车	lái 来	de 的	*	ma? 吗？
Tā 她	shì （是）	zài nǎr 在 哪儿	mǎi 买	de 的	CD? CD？	*
Nǐ 你	shì （是）	jǐ diǎn 几 点	huí 回	de 的	jiā? 家？	*
Zhèxiē Zhōngguócài 这些 中国菜	shì （是）	shéi 谁	zuò 做	de? 的？	*	*

★諾否疑問文は用いない。

2 “快要...了” ／ “快...了” ／ “要...了”
kuàiyào le ／ kuài le ／ yào le

（1）“快要...了”“快...了” 🎧 229
kuàiyào le kuài le
ほどなくある動作が行われたり、ある現象が現れることを示す。

主語	副詞	述語	動態助詞
Xuéxiào 学校	kuàiyào 快要	qīmò kǎoshì 期末 考试	le. 了。
* *	Kuài 快	shí diǎn 十 点	le. 了。

★数量詞にはふつう“快...了”を用いる。
kuài le

（2）“要...了” 🎧 230
yào le
近い将来についての判断を示す。

主語	副詞	助動詞	述語	疑問助詞
Diànchē 电车	jiù （就）	yào 要	kāile 开了	(ma?) （吗？）
Tā 她	kuài （快）	yào 要	láile 来了	(ma?) （吗？）
* *	* *	Yào 要	dào hánjià le. 到 寒假 了。	* *

★時間詞がある場合は、"就要…了"を用いる。"快要…了"は使えない。

<table>
<tr><td rowspan="2">○</td><td colspan="5">Wǒ míngtiān jiù yào zǒu le.</td></tr>
<tr><td colspan="5">我 <u>明天</u> 就 要 走 了。</td></tr>
</table>

○	Wǒ míngtiān jiù yào zǒu le. 我 <u>明天</u> 就 要 走 了。
×	Wǒ míngtiān kuàiyào zǒu le. 我 <u>明天</u> 快要 走 了。
○	Tā xià ge xīngqī jiù yào cānjiā kǎoshì le. 她 <u>下 个 星 期</u> 就 要 参加 考试 了。
×	Tā xià ge xīngqī kuàiyào cānjiā kǎoshì le. 她 <u>下 个 星 期</u> 快要 参加 考试 了。

3 　動態助詞 "过"(guo)

（1）その動作の完了を示す。

（a）肯定形と疑問形 　🎧 231

主語	動詞	動態助詞	目的語	助詞	疑問助詞
Xiǎo Wáng 小 王	chī 吃	guo 过	wǔfàn 午饭	le. 了。	*
Tā 他	xǐ 洗	guo 过	zǎo. 澡。	*	*
Wǒ 我	qù 去	guo 过	xuéxiào 学校	le. 了。	*
Nǐ 你	zhǎo 找	guo 过	lǎoshī 老师	le 了	ma? 吗？
Tā 她	lái 来	guo 过	*	le 了	ma? 吗？

（2）「…したことがある」「…したことがあった」過去の経験を表す。
（a）肯定形と否定形　🎧232

主語	否定詞	動詞	動態助詞	目的語
Wǒ 我	méi yǒu 没（有）	qù 去	guo 过	Jīngdū hé Nàiliáng. 京都 和 奈良。
Wǒ 我	méi yǒu 没（有）	kàn 看	guo 过	huàjù. 话剧。
Tā 他	méi yǒu 没（有）	tīng 听	guo 过	Zhōngguó yīnyuè. 中国 音乐。
Nàge rén 那个 人	méi yǒu 没（有）	chī 吃	guo 过	shuǐjiǎo. 水饺。

（b）疑問形　🎧233

主語	動詞	動態助詞	目的語	
Nǐ 你	qù 去	guo 过	Zhōngguó 中国	ma? 吗？
Nǐ 你	qù 去	guo 过	Měiguó 美国	méiyǒu? 没有？
Nǐ 你	kàn 看	guo 过	Zhōngguó diànyǐng 中国 电影	méiyǒu? 没有？
Nǐ 你	qù méi qù 去 没 去	guo 过	Xīnjiāpō? 新加坡？	*
Nǐ 你	dǎ méi dǎ 打 没 打	guo 过	májiàng? 麻将？	*

練 習 **14**

Ⅰ 　音声を聞いて、日本語に訳しましょう。　　　🎧 234

❶ ....

❷ ....

❸ ....

❹ ....

❺ ....

❻ ....

❼ ....

❽ ....

Ⅱ 　正しい語順になるように並べ替えましょう。

❶ 彼は19何年に生まれたのですか？　　彼はいつ生まれたのですか？
chūshēng de　　shì　　yī jiǔ jǐ jǐ nián　tā　　　chūshēng de　　shì　　tā　　shénme shíhòu
（出生的，是，一九几几年，他，?）（出生的，是，他，什么时候，?）

❷ 李さんはどこでそのTシャツを購入したのですか？
　T xùshān　　Lǐ xiānsheng　nà jiàn　　shì　　zài nǎr　　mǎi de
（T恤衫，李先生，那件，是，在哪儿，买的?）

❸ 私は彼女の写真を見たことがありますが、会ったことはありません。
　zhàopiàn　　wǒ　　kàn guo　　tā de　　dànshì　　jiàn guo　　méi　　tā
（照片，我，看过，她的／但是，见过，没，她）

❹ 電車がまもなく発車します、早く乗車しましょう。
  diànchē kāi kuàiyào le gǎnkuài shàngchē wǒmen ba
（电车，开，快要，了 / 赶快，上车，我们，吧）

❺ 早く家に帰りなさい。しばらくしたら雷が鳴って大雨が降るはずです。
  huí jiā kuài ba dǎ léi xià dàyǔ huì guò yíhuìr
（回家，快，吧 / 打雷，下，大雨，会，过一会儿）

❻ もうすぐ試験です。復習すべきです。
  fùxí fùxí kuài le kǎoshì yīnggāi
（复习复习，快，了，考试，应该）

新出単語

💬 会話

zěnme 怎么 ［疑］1. どうして。なぜ。
　　2. どうやって。どのように。（方法・手段
　　を尋ねる）

xuéxiào 学校 ［名］学校。

gōnggòng qìchē 公共汽车 ［名］(路線）バス。

shì ... de 是 ... 的 ……したのです。（過去
　　の強調を表す）

kuài ... yào 快要 ... 了 まもなく…になる。
　　もうすぐ…だ。

Shèngdàn Jié 圣诞节 ［名］クリスマス。

dǎsuan 打算 ［動］…する予定がある。…する
　　計画がある。…するつもりだ ［名］計画。

zhǔnbèi 准备 ［動］用意する。…しようと
　　する。準備する。備える。

guò 过 ［助］1. …したことがある。（過去
　　の経験を表す）2. …した。（動作の完
　　了を表す）

kǎoshì 考试 ［名］試験。テスト。

shèngdàn dàngāo 圣诞蛋糕 ［名］クリス
　　マスケーキ。

dāngrán 当然 ［副］もちろん。当然。

jiālirén 家里人 家族。家の人。

chūzūchē 出租车　名 タクシー。

bǎihuò dàlóu 百货大楼　名 デパート。

yīfu 衣服　名 洋服。衣服。

qiántiān 前天　名 おととい。

dào 到　動 1．いたる。着く。2．（動詞の後ろに付く補語として）…に到達する。

qí / chē 骑车　自転車に乗る。

fēijī 飞机　名 飛行機。

shūdiàn 书店　名 書店。本屋。

chū / mén 出门　動 でかける。外出する。

nǎr 哪儿　疑 どこ。＝"哪里nǎli"

huí / jiā 回家　動 家に帰る。家に戻る。帰宅する。

shéi 谁　疑 だれ。どなた。だれか。

qīmò kǎoshì 期末考试　名 期末試験。

hánjià 寒假　名 冬休み。

zǒu 走　動 1．出かける。出発する。行く。2．歩く。

chī / fàn 吃饭　動 ご飯を食べる。食事をする。

xǐ / zǎo 洗澡　動 入浴する。お風呂に入る。

zhǎo 找　動 探す。

Jīngdū 京都　名 京都。

Nàiliáng 奈良　名 奈良。

shuǐjiǎo 水饺　名 水餃子。

Xīnjiāpō 新加坡　名 シンガポール。

cónglái 从来　副 これまで。いままで。

chà 差　動 足りない。欠ける。差がある。

zǒuzhe lái 走着来　歩いてくる。

māma 妈妈　名 母。おかあさん。

niánjí 年级　名 学年。…年生。

bàngqiú bǐsài 棒球比赛　野球の試合。

kāishǐ 开始　動 はじまる。開始する。

Dōngjīng 东京　名 東京。

chūshēng 出生　動 生まれる。生む。育つ。

Shànghǎi 上海　名 上海。

nà jiàn 那件　その（一枚の）。

T xùshān T恤衫　名 Tシャツ。

zhàopiàn 照片　名 写真。

jiàn 见　動 会う。見る。

gǎnkuài 赶快　副 すぐ。すばやく。はやく。

shàng / chē 上车　乗車する。

kuài 快　形 スピードが速い。副 速く。急いで。⇔慢

guò yíhuìr 过一会儿　まもなく。しばらくしたら。

Yǐzi shang fàngzhe shūbāo.
椅子 上 放着 书包。
Wǒ měitiān bā diǎn chūmén shàngxué.
我 每天 八 点 出门 上学。

会 話

🎧 235

简体字

Qiáng shang guàzhe shénme?
A： 墙 上 挂着 什么？

Qiáng shang guàzhe yì fú shānshuǐhuà hé yí miàn guóqí.
B： 墙 上 挂着 一 幅 山水画 和 一 面 国旗。

Zhuōzi shang fàngzhe shénme?
A： 桌子 上 放着 什么？

Zhuōzi shang fàngzhe diànzǐ cídiǎn hé huāpíng, méiyou fàng diànnǎo.
B： 桌子 上 放着 电子 词典 和 花瓶，没有 放 电脑。

Yǐzi shang fàngzhe shūbāo.
椅子 上 放着 书包。

Nǐ měitiān jǐ diǎn shàngxué?
A： 你 每天 几 点 上学？

Wǒ měitiān bādiǎn bàn chūmén shàngxué.
B： 我 每天 八点 半 出门 上学。

....

Nǐmen hē hóngchá, háishi kāfēi?
A： 你们 喝 红茶，还是 咖啡？

Wǒ hē hóngchá.
B： 我 喝 红茶。

Wǒ yào hē niúnǎi.
C： 我 要 喝 牛奶。

Qiáng shang guàzhe shénme?
A： 牆 上 掛著 什麼？

Qiáng shang guàzhe yì fú shānshuǐhuà hé yí miàn guóqí.
B： 牆 上 掛著 一 幅 山水畫 和 一 面 國旗。

Zhuōzi shang fàngzhe shénme?
A： 桌子 上 放著 什麼？

Zhuōzi shang fàngzhe diànzǐ cídiǎn hé huāpíng, méiyou fàng diànnǎo.
B： 桌子 上 放著 電子 詞典 和 花瓶，沒有 放 電腦。

Yǐzi shang fàngzhe shūbāo.
椅子 上 放著 書包。

Nǐ měitiān jǐ diǎn shàngxué?
A： 你 每天 幾 點 上學？

Wǒ měitiān bā diǎn bàn chūmén shàngxué.
B： 我 每天 八 點 半 出門 上學。

....

Nǐmen hē hóngchá, háishi kāfēi?
A： 你們 喝 紅茶，還是 咖啡？

Wǒ hē hóngchá.
B： 我 喝 紅茶。

Wǒ yào hē niúnǎi.
C： 我 要 喝 牛奶。

文法

1 **存現文**

★「張さんが校門で待っている」は、○小 张 在 校门口 等着。
　Xiǎo Zhāng zài xiàomenkǒu děngzhe.
　×一 个 人 在 校门口 等着。
　Yí ge rén zài xiàomenkǒu děngzhe.

「張さん」は特定の人を指すが、"一 个 人"は不特定の人を指す。
yí ge rén

★不特定・不確定の人や事物の存在、消失、出現を表す場合、存現文を用いる。

（1）存在を表す場合

（a）肯定形と否定形と疑問形　🎧 236

場所詞	否定詞	動詞	動態助詞	存在する人・もの
Gōngyuán lǐ 公园 里	*	zuò 坐	zhe 着	liǎng ge lǎorén. 两 个 老人。
Ménkǒu 门口	*	fàng 放	zhe 着	yí liàng zìxíngchē. 一 辆 自行车。
Qiáng shang 墙 上	méiyou 没有	guà 挂	zhe 着	guàlì. 挂历。
Lùshang 路上	méiyou 没有	tíng 停	zhe 着	qìchē. 汽车。
Zǒuláng de qiáng shang 走廊 的 墙 上	*	tiē 贴	zhe 着	jiālirén de zhàopiàn ma? 家里人 的 照片 吗？
Zhuōzi shang 桌子 上	*	fàng 放	zhe 着	shénme? 什么？

★否定形には、"没有"を用いる。
　　　　　　　méiyou

（2）出現、消失を表す場合　🔽 237

場所詞	動詞		出現する人・もの
Qiánmian 前面	kāiguolai 开过来	le 了	yí liàng qìchē. 一 辆 汽车。
Duìmiàn 对面	pǎoguolai 跑过来	le （了）	liǎng ge xiǎoháizi. 两 个 小孩子。
Wǒmen gōngsī 我们 公司	zǒu 走	le 了	liǎng ge rén. 两 个 人。

★否定形はない。

「Ａか、Ｂか」と二者択一の疑問文である。 238

主語		述部		述部
Nǐ 你	shì （是）	qù, 去,	háishi 还是	bú qù? 不 去?
Nǐ 你	shì （是）	míngtiān qù, 明天 去,	háishi 还是	hòutiān qù? 后天 去?
Nǐ de máoyī 你 的 毛衣	shì 是	báisè de, 白色 的,	háishi 还是	lánsè de? 蓝色 的?
Zhège diànzǐ cídiǎn 这个 电子 词典	shì 是	nǐ de, 你 的,	háishi 还是	wǒ de? 我 的?

3　連動式の文

ふたつ以上の動詞または動詞句を並べ、動作・行為を表す。

（1）ふたつ以上の動詞または動詞句が動作の順序に並ぶ。 239

> Tā měitiān zǎoshang bādiǎn chūmén shàngbān.
> 她 每天 早上 八点 出门 上班。
>
> Tā měitiān xiàwǔ wǔdiǎn xiàkè huíjiā.
> 他 每天 下午 五点 下课 回家。

（2）前の動詞が "来" "去" "出去" "出来"、後ろの動詞・動詞句が目的を表す。 240

> Tā chángcháng dào wǒ jiā lái wánr.
> 他 常常 到 我 家 来 玩儿。
>
> Wǒ měitiān qù mǎi dōngxi.
> 我 每天 去 买 东西。

（3）前の動詞が、方法・手段・材料を示す。

 241

> Wǒmen zuò fēijī qù Xiàwēiyí.
> 我们 坐 飞机 去 夏威夷。
>
> Wǒmen ná kuàizi chī fàn.
> 我们 拿 筷子 吃 饭。
>
> Wǒ dǎ diànhuà gēn tā shāngliang.
> 我 打 电话 跟 她 商量。

（4）"有" の後ろの名詞はふつう動作の対象を示す。

 242

> Xiàwǔ wǒ méiyǒu shíjiān qù zhǎo nǐ.
> 下午 我 没有 时间 去 找 你。
>
> Wǒ hái yǒu hěn duō shì yào zuò ne.
> 我 还 有 很 多 事 要 做 呢。

I 音声を聞いて、日本語に訳しましょう。 🎧243

❶ _____

❷ _____

❸ _____

❹ _____

❺ _____

❻ _____

❼ _____

❽ _____

II 正しい語順になるように並べ替えましょう。

❶ 入り口に靴が三足置いてあります。
sān shuāng xié　zhe　　ménkǒu　fàng
（三双鞋，着，门口，放）

_____

❷ 昨日わたしたちの宿舎から三人が引っ越しました。
bānzǒu le　　sùshè　　sān ge rén　zuótiān　wǒmen
（搬走了，宿舍，三个人，昨天，我们）

_____

❸ 学校の宿題、あなたはパソコンで入力しますか、それとも手書きしますか？
shǒuxiě　　zuòyè　　dǎzì　　háishì　diànnǎo　xuéxiào de　　nǐ yòng
（手写，作业，打字，还是，电脑，学校的，你用）

_____

❹ 彼は、バイクに乗って通学する時もあります。

shàng xué yǒu shíhou tā qù qí mótuōchē
（上学，有时候，他，去，骑，摩托车）

---

❺ わたしは来年飛行機で香港へ留学に行きます。

Xiānggǎng liúxué wǒ míngnián fēijī qù zuò
（香港留学，我明年，飞机，去，坐）

---

❻ 洗わなければならない服がたくさんあります。でも洗濯機が便利で、すぐ洗い終わります。

wǒ hěn duō yīfu yào xǐ yǒu dànshì xǐyījī hěn fāngbiàn néng xǐwán jiù hěn kuài
（我，很多衣服，要洗，有／但是，洗衣机，很方便， 能洗完，就，很快）

新出単語

💬 会話

qiáng 墙 [名]壁。塀。

qiáng shang 墙上 壁。

guà 挂 [動]掛かる。かける。

zhe 着 [助]（動詞の後について）…している。
（動作や状態の持続を表す）

guàzhe 挂着 掛かっている。

fú 幅 [助数]絵を数える。…枚。

shānshuǐhuà 山水画 [名]山水画。

yì fú shānshuǐhuà 一幅山水画 山水画一枚。

miàn 面 [助数]…枚。

guóqí 国旗 [名]国旗。

zhuōzi 桌子 [名]机。テーブル。

fàng 放 [動]置く。

diànzǐ cídiǎn 电子词典 [名]電子辞書。

huāpíng 花瓶 [名]花瓶。

yǐzi 椅子 [名]椅子。

shàng / xué 上学 [動]通学する。学校に行く。

hóngchá 红茶 [名]紅茶。

háishi 还是 [接]それとも。

kāfēi 咖啡 [名]コーヒー。

niúnǎi 牛奶 [名]牛乳。

Xiǎo Zhāng 小张　張さん。（"小"自分より年下の人へ親しみを込める。"張"は中国人の姓）

xiàoménkǒu 校门口　[名]校門。

děng 等　[動]待つ。

děngzhe 等着　待っている。

gōngyuán 公园　[名]公園。

lǎorén 老人　[名]老人。

ménkǒu 门口　[名]出入口。玄関。

liàng 辆　[助数]…台。…両。

yí liàng zìxíngchē 一辆自行车　自転車一台。

guàlì 挂历　[名]（壁にかける）カレンダー。

lùshang 路上　[名]道。路上。

tíng 停　[動]停まる。停止する。止む。

qìchē 汽车　[名]自動車。

zǒuláng 走廊　[名]廊下。渡り廊下。回廊。

tiē 贴　[動]貼る。

qiánmiàn 前面　[名]前。

duìmiàn 对面　[名]対面。向かい側。正面。

pǎo 跑　[動]走る。駆ける。逃げる。

gōngsī 公司　[名]会社。

zǒu 走　[動]1．出かける。2．歩く。3．去る。離れる。

hòutiān 后天　[名]明後日。あさって。

máoyī 毛衣　[名]セーター。

báisè 白色　[形]白い。白色の。

lánsè 蓝色　[形]青い。藍色の。

shàng / bān 上班　[動]出勤する。⇔"下班"

xià / kè 下课　[動]授業が終わる。⇔"上课"

chángcháng 常常　[副]いつも。よく。

Xiàwēiyí 夏威夷　[名]ハワイ。

Kuàizi 筷子　[名]箸。はし（食事に使う）。

shāngliang 商量　[動]相談する。

xiàwǔ 下午　[名]午後。

hěn duō shì 很多事　多くのこと。たくさんのこと。

xià ge yuè 下个月　来月。⇔上个月 (shàng ge yuè)

Tánwān 台湾　[名]台湾。

chū / chāi 出差　[動]出張する。

yǒu shì 有事　用事がある。

Dàbǎn 大阪　[名]大阪。

tàng 趟　[助数]回数を表す。往復の動作。行って戻る。

lùyīn 录音　[名]録音。吹き込み。

chuán 船　[名]船。

fēijī 飞机　[名]飛行機。

sàn / bù 散步　[動]散歩する。

shuāng 双　[助数]ふたつでワンセットのものを数える。…足。

xié 鞋　[名]靴。

sān shuāng xié 三双鞋　靴三足。

sùshè 宿舍　[名]宿舎。寮。

bānzǒu 搬走　引っ越す。移転する。

zuòyè 作业　[名]宿題。作業。

dǎ zì 打字　字を入力する。タイプする。

shǒuxiě 手写　[動]手書きする。[名]手書き。

yǒushíhou 有时候　時に。たまに。

qí 骑　[動]オートバイ・自転車・馬などに（またがって）乗る。

mótuōchē 摩托车　[名]オートバイ。バイク。

Xiānggǎng 香港　[名]香港。

xǐyījī 洗衣机　[名]（電気）洗濯機。

fāngbiàn 方便　[形]便利である。都合が良い。

Wǒ xiěcuòle jǐ ge Hànzì.
我 写错了 几 个 汉字。

会 話 💬

🎧 244

簡体字

Wǒ yào xuéhǎo Hànyǔ.
A: 我 要 学好 汉语。

Hěn hǎo!
B: 很 好!

Wǒ xiěle yì piān zuòwén, qǐng kànkan.
A: 我 写了 一 篇 作文，请 看看。

Hǎo de. Xiěcuòle jǐ ge Hànzì,
B: 好 的。写错了 几 个 汉字，

yǒu jǐ ge dìfāng yǔfǎ yě yòngcuò le.
有 几 个 地方 语法 也 用错 了。

Xièxiè nǐ gàosu wǒ.
A: 谢谢 你 告诉 我。

Búyào kèqi. Yuè nǔlì, jìnbù yuè kuài.
B: 不要 客气。越 努力，进步 越 快。

繁體字

Wǒ yào xuéhǎo Hānyù.
A: 我 要 學好 漢語。

Hěn hǎo!
B: 很 好!

Wǒ xiěle yì piān zuòwén, qǐng kànkan.
A: 我 寫了 一 篇 作文，請 看看。

Hǎo de. Xiěcuòle jǐ ge Hànzì,
B: 好 的。写錯了 幾 個 漢字，

yǒu jǐ ge dìfāng yùfǎ yě yòngcuò le.
有 幾 個 地方 語法 也 用錯 了。

Xièxiè nǐ gàosu wǒ.
A: 謝謝 你 告訴 我。

Búyào kèqi. Yuè nǔlì, jìnbù yuè kuài.
B: 不要 客氣。越 努力，进步 越 快。

125

1 結果補語：動詞に形容詞または動詞をつけて、動作の結果を表す。

（1）動詞を結果補語とする場合　🔽245（縦読み）

動詞	結果補語	動詞	結果補語	動詞	結果補語
tīng 听	jiàn 见	kàn 看	wán 完	tīng 听	dǒng 懂
pèng 碰	jiàn 见	xiě 写	wán 完	kàn 看	dǒng 懂
shōu 收	dào 到	zhù 住	zài 在	jì 记	zhù 住
huí 回	dào 到	fàng 放	zài 在	tíng 停	zhù 住

（2）形容詞を結果補語とする場合　🔽246（縦読み）

形容詞	結果補語	形容詞	結果補語	形容詞	結果補語
xué 学	hǎo 好	dá 答	cuò 错	shuō 说	duì 对
zuò 坐	hǎo 好	zǒu 走	cuò 错	huídá 回答	duì 对
shuō 说	qīngchu 清楚	xǐ 洗	gānjìng 干净	chī 吃	guāng 光
jì 记	qīngchu 清楚	dǎsǎo 打扫	gānjìng 干净	mài 卖	guāng 光

（3）肯定形　🎧247

主語	動詞	目的語
Wǒ 我	niàncuò 念错	jǐ　ge　zì. 几　个　字。
Wáng　lǎoshī 王　老师	zhùzài 住在	wǔ　céng. 五　层。
Tā 他	tīngjiàn 听见	yǒu　rén　qiāomén. 有　人　敲门。

（4）否定形　🎧248

主語	副詞	否定詞	動詞	目的語
Wǒ 我	hái 还	méi　you 没（有）	zhǎodào 找到	tā. 他。
Nàběn　zázhì 那本　杂志	hái 还	méi　you 没（有）	kànwán. 看完。	*

★否定をする場合は、"没（有）"を用いる。

（5）疑問形 🎧 249

主語	動詞	目的語	疑問助詞
Nǐ 你	jìzhù 记住	nà jù chéngyǔ le 那 句 成语 了	ma? 吗？
Nǐ 你	zhǎodào 找到	fángjiān de yàoshi le 房间 的 钥匙 了	ma? 吗？

2 "是不是" 疑問文 🎧 250

話し手がすでに知っていることを相手に確認する意味合いの疑問文である。

Nǐ shìbushì míngtiān yào qù kàn hǎi? 你 是不是 明天 要 去 看 海？	dǎ gāoěrfūqiú 打 高尔夫球	yóuyǒng 游泳	qù huárénjiē 去 华人街
Nǐ míngtiān shìbushì yào qù kàn hǎi? 你 明天 是不是 要 去 看 海？	xià xiàngqí 下 象棋	pá shān 爬 山	qù yínháng 去 银行
Nǐ míngtiān yào qù kàn hǎi, shìbushì? 你 明天 要 去 看 海，是不是？	sànsan bù 散散 步	mǎi dōngxi 买 东西	qù gōngyuán 去 公园

（入れ替え可能な語彙）

3 "一点儿" と "有点儿"
yìdiǎnr yǒudiǎnr

★冷 一点儿、有点儿 冷「少し寒い」
lěng yìdiǎnr yǒudiǎnr lěng
冷 一点儿 （昨日に比べて）と言外に比較の意味が含まれる。
lěng yìdiǎnr
有点儿 冷 （好ましくない、困る、ありがたくない）とマイナスの意味が含まれる。
yǒudiǎnr lěng

★"有点儿" は、消極的、否定的、マイナスの意味合いの動詞・形容詞に用いられる。
yǒudiǎnr

🎧 251

Tā hái méi lái, wǒ yǒudiǎnr zháojí le.
他 还 没 来，我 有点儿 着急 了。
Zhège cài, yǒudiǎnr là.
这个 菜，有点儿 辣。

Nàge fángjiān yǒudiǎnr xiǎo.
那个 房间 有点儿 小。
Zhège fángjiān xiǎo yìdiǎnr.
这个 房间 小 一点儿。

Zhè shuāng xié yǒudiǎnr xiǎo, méiyǒu dà yìdiǎnr de ma?
这 双 鞋 有点儿 小，没有 大 一点儿 的 吗？
Zuótiān yǒudiǎnr bù shūfu. Jīntiān shēntǐ hǎo yìdiǎnr le.
昨天 有点儿 不 舒服。今天 身体 好 一点儿 了。

I 音声を聞いて、日本語に訳しましょう。 🎧 252

❶ _____

❷ _____

❸ _____

❹ _____

❺ _____

❻ _____

❼ _____

❽ _____

II 正しい語順になるように並べ替えましょう。

❶ 私は昨日道で彼女を見かけました。彼女は背があなたより少し低いです。
　kànjiàn zuótiān tā le zài lùshang wǒ　　ǎi gèzi yìdiǎnr tā bǐ nǐ
（看见，昨天，她了，在路上，我）（矮，个子，一点儿，她，比你）

❷ 蘇さんは上海出身で、私は北京出身です。彼女の上海語を私は聞いてわかりません。
　shì Shànghǎirén Sū xiānsheng tīngbudǒng wǒ Běijīngrén shì wǒ tā de Shànghǎihuà
（是，上海人，苏先生／听不懂，我，北京人，是，我，她的上海话）

❸ 許さんはまじめです。明日の試験の準備をすでにしたと聞いていますが、そうですね？
　hěn rènzhēn XiǎoXǔ míngtiān de kǎoshì hǎo le zhǔnbèi yǐjīng shì bu shì tīngshuō
（很，认真，小许／明天的考试，好了，？，准备，已经，是不是，听说）

❹ 私は昨晩お酒を飲みすぎました。今日は少し頭がふらつきます。午後もしかしたら少し良くなるかもしれません。

（喝酒，太多了，昨天晚上，我，喝得／头昏，有点儿，今天／下午，也许，好一点儿，会）

hē jiǔ　tài duō le　zuótiān wǎnshang　wǒ　hēde　tóuhūn　yǒudiǎnr　jīntiān　xiàwǔ　yěxǔ　hǎo yìdiǎnr　huì

---

❺ 彼は車の運転をマスターしました。しかし、（心の中で）少し怖くて、ひとりではとても運転しようと思いません。

（开车，学会了，他／害怕，但是，心里，有点儿／不敢，开，一个人）

kāi chē　xuéhuì le　tā　hàipà　dànshì　xīnli　yǒudiǎnr　bù gǎn　kāi　yí ge rén

---

❻ クレジットカード、銀行カード、デビットカード、携帯電話、iPad、パソコンなど、老人は使いたくても、うまく使いこなせないかもしれません。

（信用卡，ipad，电脑等，是不是，也搞不清楚，银行卡，debit 卡，手机，想用，老人）

xìnyòngkǎ　diànnǎo děng　shì bu shì　yě gǎo bu qīngchu　yínhángkǎ　kǎ　shǒujī　xiǎng yòng　lǎorén

---

新出単語

💬 **会話**

... hǎo 好　（動詞の後ろに付く補語）良く…する。きちんと…する。

xué / hǎo 学好　ちゃんとマスターする。きちんと学ぶ。（"好"は結果補語）

piān 篇 [助数] …編。

kànkan 看看　ちょっと見る。（動詞を重ねて「ちょっと…する」）

hǎo de 好的 [形] 良い。了解・承諾を表す。

zuòwén 作文 [名] 作文。

...cuò 错　（動詞の後ろに付く補語として）…し間違える。

xiěcuò 写错　書き間違える。

dìfang 地方 [名] 場所。ところ。

yǔfǎ 语法 [名] 文法。

yòngcuò 用错　使い間違える。

búyào kèqi 不要客气　遠慮しないで。

yuè... yuè... 越... 越...　…すればするほど、ますます…

nǔ / lì 努力 [動] 努力する。

jìnbù 进步 [動] 進歩する。向上する。

kuài 快 [形] 速い、早い。

tīng 听 動 聴く。聞く。

pèng 碰 動 出くわす。ぶつかる。

...jiàn 见 （動詞の後につく補語）…に見える。…に感じる。…と認める。

...wán 完 （動詞の後につく補語）…し終わる。…し終える。

dǒng 懂 動 （動詞の後につく補語）…と理解する。…とわかる。

shōu 收 動 収める。受け取る。しまう。

...dào 到 （動詞の後につく補語）…まで。…になる。…に至る。動作の到達を表す。

...zài 在 （動詞の後につく補語）…に。…で。（場所を表す）

jì 记 動 記憶する。覚える。記録する。

...zhù ...住 （動詞の後につく補語）きちんと定着させる。固定する。安定する。

jì / zhù 记住 きちんと覚える。記憶として定着させる。

huídá 回答 動 答える。回答する。名 回答。

...cuò ...错 （動詞の後につく補語）…し間違える。…まちがう。

...duì ...对 （動詞の後につく補語）正しく…する。

前 …に対して。形 正しい。そのとおり。動向かい合う。

...qīngchu ...清楚 （動詞のあとにつく補語として）あきらかになる。すっきりする。形 はっきりする。あきらかである。動 あきらかにする。わかる。

dǎsǎo 打扫 動 掃除する。

...gānjìng 干净 形 （動詞の後につく補語として）きれいさっぱりする。清潔になる。きれいである。清潔である。さっぱりしている。

guāng 光 副 ただ…だけ。形 （動詞の後に補語として）すっかりなくなる意味を表す。…し尽くす。

niàncuò 念错 読み間違える。

wǔ céng 五层 5階。

qiāo mén 敲门 ノックする。ドアをたたく。

zázhì 杂志 名 雑誌。

kànwán 看完 見終わる。読み終わる。

chéngyǔ 成语 名 成語。

yàoshi 钥匙 名 鍵。カギ。

hǎi 海 名 海。

dǎ gāo'ěrfūqiú 打高尔夫球 ゴルフをする。

xià xiàngqí 下象棋 将棋をさす。

huárénjiē 华人街 名 チャイナタウン。中華街。

yínháng 银行 名 銀行。バンク。

yìdiǎnr 一点儿 数量 少し。ちょっと。

yǒudiǎnr 有点儿 副 少し。ちょっと。

zháo / jí 着急 動 慌てる。焦る。心配する。

xiǎo 小 形 1．小さい。2．年下である。3．少ない。

bù shūfu 不舒服 具合が悪い。体調が悪い。

gāoxìng 高兴 形 楽しい。うれしい。

tiào 跳 動 飛ぶ。はねる。

...qǐlai ...起来 （動詞の後に付く補語として）上向きの動作を表す。

tiàoqǐlai 跳起来 飛びあがる。

zuòcuò 做错 やり間違える。し間違える。

ānpái 安排 動 手配する。名 手配。配置。

...hǎole ...好了 …… ちゃんと…した。

...sǐ 死 （動詞の後ろにつく補語）程度が甚だしいこと。

mángsǐ 忙死 ひどく忙しい。

jièshào 介绍 動 紹介する。名 紹介。

nánpéngyou 男朋友 [名] ボーイフレンド。彼氏。

tánchéng 谈成 （関係が）うまくいく。

chuī le 吹了 ダメになった。しくじった。破れた。

jìhuà 计划 [動] 計画する。[名] 計画。

dìnghǎo 订好 ちゃんと予約する。

huídácuò 回答错 答え間違える。

shàngcì 上次 [名] この前。この間。⇔ 下次。

kèwén 课文 [名] テキストの本文。

liànxí 练习 [動] 練習する。[名] 練習。

lùshang 路上 [名] 道路の上。路上。

gèzi 个子 [名] 身長。

ǎi 矮 [形] （身長が）低い。⇔高^{gāo}

Sū 苏 [名] 蘇。（"蘇" は中国人の姓）

xiānsheng 先生 [名] 1．…さん。…様。（一般的な呼びかけの敬称）2．先生。3．夫。

tīngbudǒng 听不懂 聞いてわからない（耳で聞いて理解することができない）

Běijīngrén 北京人 [名] 北京出身の人。

Shànghǎihuà 上海话 [名] 上海語。

Xǔ 许 [名] 許。（"許" は中国人の性）

rènzhēn 认真 [形] まじめな。

tīngshuō 听说 [動] 聞くところによると…だそうだ。

zhǔnbèihǎo le 准备好了 ちゃんと準備した。

tóuhūn 头昏 [動] めまいがする。頭がふらつく。

yěxǔ 也许 [副] もしかしたら…かもしれない。

xué / huì 学会 [動] マスターする。ちゃんと学ぶ。修得する。身に着ける。

bù gǎn 不敢 あえて…しない。…する勇気がない。

xìnyòngkǎ 信用卡 [名] クレジットカード。

yínhángkǎ 银行卡 [名] 銀行カード。

kǎ 卡 [名] カード。

lǎorén 老人 [名] 老人。

yòng 用 [動] 使う。用いる。

Wǒ chàng gē chàng de hěn hǎo.
我 (唱) 歌 唱 得 很 好。

会 話

簡体字

Wǒmen yìqǐ qù chàng kǎlā OK ba.
A: 我们 一起 去 唱 卡拉 OK 吧。

Hǎo a, búguò, wǒ chàngde bù hǎo. Zěnme bàn?
B: 好 啊，不过，我 唱得 不 好。怎么 办？

Chànggē bù nán, liànde yuè duō, chàngde yuè hǎo.
A: 唱歌 不 难，练得 越 多，唱得 越 好。

Rúguǒ nǐ bú jièyì, wǒ jiù qù.
B: 如果 你 不 介意，我 就 去。

OK, qíshí wǒ chàngde yě hái bù zěnme hǎo.
A: OK，其实 我 唱得 也 还 不 怎么 好。

Nǐ tài qiānxū le. Zánmen yìqǐ liànlian.
B: 你 太 谦虚 了。咱们 一起 练练。

繁體字

Wǒmen yìqǐ qù chàng kǎlā OK ba.
A: 我們 一起 去 唱 卡拉 OK 吧。

Hǎo a, búguò, wǒ chàngde bù hǎo. zěnme bàn?
B: 好 啊，不過，我 唱得 不 好。怎麼 辦？

Chànggē bù nán, liànde yuè duō, chàngde yuè hǎo.
A: 唱歌 不 難，練得 越 多，唱得 越 好。

Rúguǒ nǐ bù jièyì, wǒ jiù qù.
B: 如果 你 不 介意，我 就 去。

OK, qízhì wǒ chàngde yě hái bù zěnme hǎo.
A: OK，其實 我 唱得 也 還 不 怎麼 好。

Nǐ tài qiānxū le. Zánmen yìqǐ liànlian.
B: 你 太 謙虛 了。咱們 一起 練練。

1　様態補語

動詞・形容詞について、その程度・結果・状態を表す。

（1）程度を表す様態補語　🎧 254

動詞・形容詞につけて状況や状態の達している極度な程度を表す。

主語	形容詞		様態補語
Tāmen 他们	gāoxìng 高兴	de 得	bùdéliǎo. 不得了。
Dùzi 肚子	téng 疼	de 得	yàomìng. 要命。
Wǒ　shēntǐ　bǐ　yǐqián 我　身体　比　以前	hǎo 好	de 得	duō. 多。

★否定形や疑問形はない。

（2）状態を表す様態補語

形容詞を補語として動詞につけ、動作について描写したり、評価し、判断する。

（a）肯定形・否定形　🎧 255

主語	動詞		否定詞	形容詞
Tā 他	lái 来	de 得	*	hěn　wǎn. （很）晚。
Háizi 孩子	chī 吃	de 得	*	hěn　màn. （很）慢。
wǒ 我	qǐ 起	de 得	bù 不	zǎo. 早。
Tā 她	pǎo 跑	de 得	bú 不	kuài. 快。

★否定形は形容詞の前に"不"をおく。
★肯定形では、形容詞に、"很""真"などが付けられる。
★文末助詞"了"は付けない。

（b）動詞に目的語がある場合　🎧 256

主語	動詞	目的語	動詞		形容詞	
Tā 他	xiě （写）	Hànzì 汉字	xiě 写	de 得	hěn （很）	piàoliang. 漂亮。
Nàge　háizi 那个　孩子	yóuyǒng （游泳）	*	yóu 游	de 得	hěn （很）	hǎo. 好。
Tā 她	chàng （唱）	gē 歌	chàng 唱	de 得	bù 不	búcuò. 不错。
Zhāng tóngxué 张　同学	shuō （说）	Yīngwén 英文	shuō 说	de 得	bù 不	liúlì. 流利。

★動詞を繰り返して用いるが、前の動詞を省略してもよい。

（c）疑問形

主語	動詞	目的語			形容詞		
Nǐ 你	qǐ 起	*	*	de 得	zǎo 早	ma? 吗?	
Tā 他	pǎo 跑	*	*	de 得	kuài 快	ma? 吗?	
Xiǎo Lín 小 林	shuō 说	Zhōngwén 中 文	shuō 说	de 得	liúlì 流利	bu 不	liúlì? 流利?
Lǎo Chén 老 陈	wánr 玩儿	diànzǐ yóuxì 电子 游戏	wánr 玩儿	de 得	gāoxìng 高兴	bu 不	gāoxìng? 高兴?

（3）結果を表す様態補語 🎧 257

補語は形容詞だけでなく、動詞句や文の場合もある。動詞・形容詞について、行為・動作の結果について説明する。

主語	述語		述語
Tā 她	máng 忙	de 得	wàngle chī fàn. 忘了 吃 饭。
Tā 他	shāngxīn 伤心	de 得	kūleqilai. 哭了 起来。

否定形、疑問形はない。

2　副詞 "还" ／ "就" ／ "才"

（1）"还" hái 🎧 258

拡大・増加・持続などを表す。

> Zǎodiǎnr shuì ba, míngtiān hái yào zǎoqǐ ne!
> 早点儿 睡 吧，明天 还 要 早起 呢!
> Zhèli yǐqián zhǐ chūchǎn píngguǒ, xiànzài hái chūchǎn pútao.
> 这里 以前 只 出产 苹果，现在 还 出产 葡萄。

（2）"就" jiù 🎧 259

副詞として数種類の使い方がある。

（a）事物や動作を短時間に起こすことを示す。

> Děng yìhuìr, tā mǎshàng jiù lái.
> 等 一会儿，他 马上 就 来。
> Zhè tái dǎyìnjī, gāng mǎi jiù huài le, zěnme bàn?
> 这 台 打印机，刚 买 就 坏 了，怎么 办?

（b）事柄の発生、経過を示す。 🎧 260

> Bìyè diǎnlǐ míngtiān jiù yào jǔxíng le.
> 毕业 典礼 明天 就 要 举行 了。
> Zuótiān de huì, wǎnshang jiǔ diǎn cái kāiwán.
> 昨天 的 会，晚上 九 点 才 开完。

Wǎnhuì qī diǎn kāishǐ, tā liù diǎn jiù lái le.
晚会 七 点 开始，他 六 点 就 来 了。
Zuótiān de huì, jiǔ diǎn bàn jiù kāiwán le.
昨天 的 会，九 点 半 就 开完 了。

(c)「…だけ」の意味に用いる。"只""仅仅"と同じ。 261

Wǒ tiān bú pà, dì bú pà, jiù pà nǐ yí ge rén.
我 天 不 怕，地 不 怕，就 怕 你 一 个 人。
Zhè jiàn shì jiù wǒ yí ge rén zhīdao.
这 件 事 就 我 一 个 人 知道。

(d) 客観的事実の強調、事実の確認の強調、話し手の意志、肯定の強調を示す。 262

Bàngōngshì jiù zài zhè lóu li.
办公室 就 在 这 楼 里。
Yóujú jiù zài yínháng de nánbian.
邮局 就 在 银行 的 南边。

（3）"才"

副詞として、複数の使い方がある。

(a)「〜したばかり、たったいま」動作がたったいま、起こったことを表す。 263

Tā cái zǒu, hái méi dào xuéxiào ne.
她 才 走，还 没 到 学校 呢。
Cái liù diǎn zhōng, rén dōu dào qí le.
才 六 点 钟，人 都 到 齐 了。

(b)「ようやく、やっと」動作の開始・終了が遅いことを示す。 264

Wǒ yǐjīng děng nǐ hǎojiǔ le, nǐ zěnme xiànzài cái lái?
我 已经 等 你 好久 了，你 怎么 现在 才 来？
Tā wǔshí suì cái jiéhūn, xiànzài hěn xìngfú.
她 五十 岁 才 结婚，现在 很 幸福。

(c)「たった、わずかに、ほんの」数量が少ないこと、程度が低いことを示す。 265

Zhè tiáo kùzi bú tài guì, cái sānqiānjiǔbǎi rìyuán.
这 条 裤子 不 太 贵，才 3900 日元。
Rìyuán biǎnzhí le, yì měiyuán xiànzài cái yìbǎisì(shí).
日元 贬值 了，1 美元 现在 才 140 。

I 音声を聞いて、日本語に訳しましょう。 🎧 266

❶ ....

❷ ....

❸ ....

❹ ....

❺ ....

❻ ....

❼ ....

❽ ....

❾ ....

❿ ....

II 正しい語順になるように並べ替えましょう。

❶ 昨晩雪が多く降りました。今まだ降っていますね。
  hěn dà xià de xuě zuótiān wǎnshang xià ne hái xiànzài zài
（很大，下得，雪，昨天晚上）（下，呢，还，现在，在）

....

❷ 彼はハンサムでしかも聡明で、性格も良い。彼はわずか20歳です。
 yīngjùn hěn yě hǎo hěn cōngmíng xìnggé érqiě tā cái èrshí suì tā
（英俊，很，也好，很聪明，性格，而且，他 / 才，20岁，他）

....

❸ 彼女は美しく、性格も良くて、勉強も真面目にします。
 piàoliang hěn tā hěn hǎo yě érqiě xuéxí yě hěn rènzhēn xìnggé
（漂亮，很，她，很好，也，而且，学习，也，很认真，性格）

....

❹ 焦らないで、ゆっくり食べて。早く食べるのは、消化によくありません。

　　zháojí　búyào　mànmānr　chī　kuài　chī dé　xiāohuà　duì　bù hǎo
（着急，不要，慢慢儿，吃／快，吃得，消化，对，不好）

---

❺ 彼は多忙で、まったく遊ぶ時間がありません。私が彼を誘うと、彼はすぐ暇がない
と言います。

　　hěn　de　máng　tā　shíjiān　wánr　méi　wánquán
（很，得，忙，他，时间，玩儿，没，完全）

　　tā　yuē　wǒ　zǒngshì　tā　shuō　kòngr　méi
（他，约，我，总是，他，说，空儿，没）

---

❻ 彼は歌を歌うのが上手で、絵を描くのも素晴らしく、芸術の才能があり、とても人
気があります。

chàng de hǎo　gēr　tā　huàr　yě　búcuò　huà de　cái néng　yǒu　yìshù　huānyíng　hěn shòu
（唱得好，歌儿，他，画儿，也，不错，画得／才能，有，艺术，欢迎，很受）

新出単語

💬 会話

chàng / gē 唱歌 動 歌を歌う。

kǎlāOK 卡拉 OK 名 カラオケ。

bú guò 不过 接 しかし。でも。

nán 难 形 難しい。

liàn 练 動 練習する。

jiè / yì 介意 動 気にする。気に掛ける。

qíshí 其实 副 その実。本当は。

tài … le 太 … 了 大変…である。とても
…である。

qiānxū 谦虚 形 謙虚である。動 謙遜す
る。遠慮する。

liànlian 练练 動 ちょっと練習する。

📖 文法

dùzi 肚子 名 お腹。

téng 疼 形 痛い。

yào / mìng 要命 形 ひどい。大変。（程度が
甚だしいことを表す）

wǎn 晚 形 （時間が）遅い。動 遅れる。
⇔ 早 (zǎo)

màn 慢 形 ゆっくり。ゆったり。（速度が
遅い） ⇔ 快 (kuài)

zǎo 早　形（時間が）早い。

piàoliang 漂亮　形 綺麗である。美しい。

búcuò 不错　形 すばらしい。良い。

liúlì 流利　形 流暢である。なめらかである。

máng 忙　形 忙しい。

wàng 忘　動 忘れる。

shāng / xīn 伤心　動 傷心する。心を痛める。

kū 哭　動（声を出して）泣く。

zǎodiǎnr 早点儿　早く。早めに。

zǎoqǐ 早起　動 早く起きる。早起きする。

zhǐ 只　副 …だけ。ただ。

chūchǎn 出产　動 1．生産する。2．生まれる。

píngguǒ 苹果　名 りんご。

pútao 葡萄　名 ぶどう。

mǎshàng 马上　副 すぐに。さっそく。ただちに。

dǎyìnjī 打印机　名 プリンター。印刷機。

gāng 刚　副 たった今。ちょうど…したばかり。

huài 坏　動 こわれる。ダメになる。ひどい。

bì / yè diǎnlǐ 毕业典礼　名 卒業式。

jǔxíng 举行　動 行う。挙行する。

wǎnhuì 晚会　名 夜のパーティー。夜の集い。

zhǐ 只　副 ただ…だけ。わずか。

jǐnjǐn 仅仅　副 ただ…だけ。わずか。

tiān bú pà, dì bú pà 天不怕，地不怕　むこうみず。怖いもの知らず。

zhīdao 知道　動 わかっている。知っている。理解する。知る。

bàngōngshì 办公室　名 事務室。

lóu 楼　名 1．ビル。建物。2．…階。（建物の階数）

yóujú 邮局　名 郵便局。

nánbian 南边　名 南側。

cái 才　副 やっと。ようやく。

hǎojiǔ 好久　副 時間が長い。長い時間。

xìngfú 幸福　形 幸福である。

tiáo 条　助数 犬や細長いものを数える。

kùzi 裤子　名 ズボン。

bú tài 不太　あまり…でない。（部分否定を表す）

guì 贵　形 1．値段が高い。2．貴重である。

rìyuán 日元　名 日本円。

biǎnzhí 贬值　動 価値が下がる。貨幣価値が下がる。

měiyuán 美元　名 ドル。

練習

bǎ 把　前 …を（目的語を動詞の前に持ってくる）

qiánbāo 钱包　名 財布。

diū 丢　動 失くす。うしなう。

jí 急　動 あせる。形 急ぐ。いらだつ。怒りっぽい。

jíde bùdéliǎo 急得不得了　ひどく焦る。（…得不得了は「ひどく…だ」の意味を表す。）

yì tiān 一天　名 一日。

è 饿　形 お腹がすく。お腹がへる。

píngshí 平时　名 いつも。平時。

mǎnfēn 满分　100点。

péngyou 朋友　名 友人。友達。

fēn 分　名 …点。試験や成績の点数。

yǒu jīngshen 有精神　元気がある。

zǒngshì 总是　副 いつも。

Yīngyǔ 英语　名 英語。

bǐjiào 比较　副 わりと。比較的。

tī 踢　動 蹴る。

zúqiú 足球　名 サッカー。

tī zúqiú 踢 足球　サッカーをする。

jiānglái 将来　名 将来。

xuǎnshǒu 选手 名 選手。

hěn huì 很会 上手である。…にたけている。

zuò / cài 做菜 料理を作る。

xià / xuě 下雪 雪が降る。

yīngjùn 英俊 形 1．ハンサムである。顔立ちが良い。2．才能が優れている。

érqiě 而且 接 しかも。またその上。さらに。

cōngming 聪明 形 聡明である。利口である。

xìnggé 性格 名 性格。パーソナリティー。

piàoliang 漂亮 形 きれいである。美しい。

búyào 不要 … 副 …するな。…しない方が良い。（禁止を表す）

zháo / jí 着急 動 あせる。気をもむ。いらだつ。

xiāohuà 消化 動 消化する。

yuē 约 動 誘う。約束する。

kòngr 空儿 名 暇。ひま。

cáinéng 才能 名 才能。能力。

139

第18課

Gēcí, tīngdedǒng ma?
歌词, 听得懂 吗？

🎧 267

簡体字

Zuótiān de yīnyuèhuì zěnmeyàng? Gēcí tīngdedǒng ma?
A: 昨天 的 音乐会 怎么样？ 歌词 听得懂 吗？

Zhǐ néng tīngdǒng yíbùfen. Xiànchǎng qìfēn hěn hǎo, fēicháng kāixīn.
B: 只 能 听懂 一部分。现场 气氛 很 好，非常 开心。

Tīng gē、 kàn diànyǐng dōu shì xué wàiyǔ de hǎo bànfǎ.
A: 听 歌、看 电影 都 是 学 外语 的 好 办法。

Duì, wǒ tóngyì.
B: 对，我 同意。

Shàngcì kàn Zhōngguó diànyǐng, tíqián yùxí le,
A: 上次 看 中国 电影，提前 预习 了，

jiéguǒ háishi tīngbudǒng.
结果 还是 听不懂。

Wǒ yě yíyàng. Kànlái, hái děi duō xué、 duō tīng.
B: 我 也 一样。看来，还 得 多 学、多 听。

繁體字

Zuótiān de yīnyuèhuì zěnmeyàng? Gēcí tīngdedǒng ma?
A: 昨天 的 音樂會 怎麼樣？ 歌詞 聽得懂 嗎？

Zhǐ néng tīngdǒng yíbùfen. Xiànchǎng qìfēn hěn hǎo, fēicháng kāixīn.
B: 只 能 聽懂 一部分。現場 氣氛 很 好，非常 開心。

Tīng gē、 kàn diànyǐng dōu shì xué wàiyǔ de hǎo bànfǎ.
A: 聽 歌、看 電影 都 是 學 外語 的 好 辦法。

Duì, wǒ tóngyì.
B: 對，我 同意。

Shàngcì kàn Zhōngguó diànyǐng, wǒ tíqián yùxí le,
A: 上次 看 中國 電影，我 提前 預習 了，

jiéguǒ háishi tīngbudǒng.
結果 還是 聽不懂。

Wǒ yě yíyàng. Kànlái hái děi duō xué、 duō tīng.
B: 我 也 一樣。看來 還 得 多 學、多 聽。

文 法

1 可能補語

可能の助動詞を用いないで、可能・不可能を表す。

（1）動詞が結果補語・方向補語を伴う場合

★動詞と補語の間に、可能であれば"得"を、不可能であれば"不"を入れる。

（a）肯定形と否定形　🎧 268

可能の助動詞の場合	可能補語の場合
Tā néng tīngdǒng wǒ shuō de huà. 他 能 听懂 我 说 的 话。 Tā bù néng tīngdǒng wǒ shuō de huà. （他 不 能 听懂 我 说 的 话。）	Tā tīngdedǒng wǒ shuō de huà. 他 听得懂 我 说 的 话。 Tā tīngbudǒng wǒ shuō de huà. 他 听不懂 我 说 的 话。
Wǒ néng kànjiàn hēibǎn shang de zì. 我 能 看见 黑板 上 的 字。 Wǒ bù néng kànjiàn hēibǎn shang de zì. （我 不 能 看见 黑板 上 的 字。）	Wǒ kàndejiàn hēibǎn shang de zì. 我 看得见 黑板 上 的 字。 Wǒ kànbujiàn hēibǎn shang de zì. 我 看不见 黑板 上 的 字。
Wǒ néng zuòwán jīntiān de zuòyè. 我 能 做完 今天 的 作业。 Wǒ bù néng zuòwán jīntiān de zuòyè. （我 不 能 做完 今天 的 作业。）	Wǒ zuòdewán jīntiān de zuòyè. 我 做得完 今天 的 作业。 Wǒ zuòbuwán jīntiān de zuòyè. 我 做不完 今天 的 作业。

★肯定形では"能"を併用することができる。

（b）疑問形　🎧 269

"吗" 疑問文	反復疑問文
Xiànzài chūfā, láidejí ma? 现在 出发，来得及 吗？	Xiànzài chūfā, láidejí láibují? 现在 出发，来得及 来不及？
Zhège zì, 这个 字， nǐ xiědechūlái ma? 你 写得出来 吗？	Zhège zì, 这个 字， nǐ xiědechūlái xiěbuchūlái? 你 写得出来 写不出来？
Lǎoshī bùzhì de zuòyè, 老师 布置 的 作业， nǐ zuòdewán ma? 你 做得完 吗？	Lǎoshī bùzhì de zuòyè, 老师 布置 的 作业， nǐ zuòdewán zuòbuwán? 你 做得完 做不完？

（2） 動詞が（1）以外の場合

★動詞に“得了_{deliǎo}”をつけて肯定を、“不了_{buliǎo}”をつけて否定を表す。

（a） 肯定形と否定形　🎧 270

可能の助動詞の場合	可能補語の場合
Hòutiān tā néng lái. 后天 他 能 来。	Hòutiān tā láideliǎo. 后天 他 来得了。
Hòutiān tā bù néng lái. 后天 他 不 能 来。	Hòutiān tā láibuliǎo. 后天 他 来不了。

（b） 疑問形　🎧 271

"ma" 疑問文	反復疑問文
Míngtiān nín néng lái ma? 明天 您 能 来 吗？	Míngtiān nǐ láideliǎo láibuliǎo? 明天 你 来得了 来不了？
Jīntiān tā néng qù ma? 今天 他 能 去 吗？	Jīntiān tā qùdeliǎo qùbuliǎo? 今天 他 去得了 去不了？

（c） “得了_{deliǎo}”と“不了_{buliǎo}”の用法　🎧 272

★単に可能・不可能を表すだけでなく、「その動作を量的に完了できる、できない」「そういうことになりうる、なりえない」の意味をも表す。

Fàn tài duō le, wǒ chībuliǎo. 饭 太 多 了，我 吃不了。	ごはんの量が多すぎて、食べきれない
Nǐ fàngxīn ba, wǒ wàngbuliǎo. 你 放心 吧，我 忘不了。	安心してください。私は、忘れられない、忘れるようなことはない。

（3） 可能補語の用法　🎧 273

★可能補語は可能・不可能ばかりでなく、結果補語の意味を拡大してほかの意味を付け加えることができる。特に否定形に特徴が顕著である。

mǎibùqǐ 买不起	値段が高くて買えない
mǎibudào　mǎibuzháo 买不到、买不着	品切れのため買えない、物がみつからず手に入らない
mǎibuliǎo 买不了	量が多すぎて、又は値段が高すぎて買えない
chībuliǎo 吃不了	量が多すぎて、食べきれない
chībuxià 吃了下	のどを通らない、食べられない、飲み込めない

（1）谁，什么，怎么，哪儿（哪里）　🎧 274

> Zhège　xiāoxi,　tā　nǎr　néng　bù　zhīdào　ne?
> 这个　消息，他　哪儿　能　不　知道　呢？
>
> Zhème　duō　shēngcí,　zěnme　néng　yíxiàzi　dōu　jìzhù?
> 这么　多　生词，怎么　能　一下子　都　记住？

（2）还　🎧 275

非難・詰問・禁止の意味を表す。

> Kuài　shí'èr　diǎn　le,　dùzi　è　le,　tā　hái　shuō　zǎo?
> 快　十二　点　了，肚子　饿　了，他　还　说　早？
>
> Tā　lǐjiě　wǒ,　nǐ　hái　bù　dǒngshì.
> 他　理解　我，你　还　不　懂事。

Ⅰ 音声を聞いて、日本語に訳しましょう。 🎧 276

❶ ....

❷ ....

❸ ....

❹ ....

❺ ....

❻ ....

❼ ....

❽ ....

Ⅱ 正しい語順になるように並べ替えましょう。

❶ この小説は図書館で借りることができますか？
jiè de dào ma　néng　zhè běn xiǎo shuō　túshūguǎn　zài
（借得到吗，能，这本小说，图书馆，在，？）

....

❷ この部屋は新しいけれど、しかし少し狭いです。三人では住めません。
hěn xīn　suīrán　zhè ge fángjiān　yǒudiǎnr　dànshì　xiǎo　zhùbuxià　sān ge rén
（很新，虽然，这个房间，有点儿，但是，小，住不下，三个人）

....

❸ このテーブルはあまり重くない、一人で運ぶことができますか？
bāndedòng　nǐ　zhè zhāng　bú tài zhòng　zhuōzi　yí ge rén　ma
（搬得动，你，这张，不太重，桌子，一个人，吗？）

....

❹ 南国で生産した果物は、日本で買えるものもあれば、買えないものもあります。

    măibudào   yǒu de   nánguó chūchǎn de   shuǐguǒ zài Rìběn   yǒude   măidedào

（买不到，有的，南国，出产的，水果，在日本，有的，买得到）

---

❺ もし卒業後仕事を探すことができなければ、どうしよう。彼は夢を見て、恐ろしくなった。

    rúguǒ   bìyè   zhǎobudào   zěnme bàn   yǐhòu gōngzuò tā   bù'ān   gǎn dào zuò mèng yě

（如果，毕业，找不到，怎么办?，以后，工作／他，不安，感到，做梦也）

---

❻ この部屋は値段が高くて買うことができない。もっと安いのはありませんか。少し遠くてもかまいません。

    măibùqǐ   zhè tào fángzi   wǒ   piányi de   yǒu méi yǒu gèng   yìdiǎnr   yuǎn   yě kěyǐ

（买不起，这套房子，我／便宜的，有没有，更／一点儿，远，也可以）

新出単語

💬 会話

gēcí 歌词　[名] 歌詞。

tīngdedǒng 听得懂　聞いて理解できる。耳で聴いてわかる。

yíbùfen 一部分　一部分。

xiànchǎng 现场　現場。その場。現地。

qìfēn 气氛　[名] 気分。雰囲気。空気。

kāixīn 开心　[形] 愉快である。楽しい。

wàiyǔ 外语　[名] 外国語。

bànfǎ 办法　[名] 方法。やり方。

tóngyì 同意　[動] 同意する。

tíqián 提前　[副] 事前に。あらかじめ。
　　　　　　[動] 早める。繰り上げる。

yùxí 预习　[動] 予習する。

jiéguǒ 结果　[名] 結果。結局。

háishi 还是　[副] やはり。依然として。

tīngbudǒng 听不懂　聞いて理解できない。聞いてわからない。

yíyàng 一样　[形] 同じである。

kànlái 看来　みたところ…のようだ。

děi 得　[助動] …しなければならない。

duō xué 多学　多く学ぶ。

duō tīng 多听　多く聴く。

145

hēibǎn 黑板 [名] 黒板。ブラックボード。

kàndejiàn 看得见　見える。

kànbujiàn 看不见　見ることができない。見えない。

zuòwán 做完　し終わる。やり終わる。

zuòdewán 做得完　やり終えることができる。

zuòbuwán 做不完　やり終えることができない。やり終われない。

chūfā 出发 [動] 出発する。出かける。

láidejí 来得及　間に合う。

láibují 来不及　間に合わない。

xiědechūlái 写得出来　書くことができる。書ける。

xiěbuchūlái 写不出来　書くことができない。書けない。

bùzhi 布置 [動] 手配する。割りふる。

láideliǎo 来得了　来ることができる。

láibuliǎo 来不了　来ることができない。

qùdeliǎo 去得了　行くことができる。

qùbuliǎo 去不了　行くことができない。

chībuliǎo 吃不了　食べることができない。

fàng / xīn 放心 [動] 安心する。[名] 安心。

wàngbuliǎo 忘不了　忘れることができない。

mǎibuqǐ 买不起　（値段が高くて）買うことができない。

mǎibudào 买不到　（品切れで）買うことができない。

mǎibuliǎo 买不了　買えない。

shēngcí 生词 [名] 新出語彙。新しい語句。

dōu 都 [副] みな。すべて。

lǐjiě 理解 [動] 理解する。[名] 理解。

dǒng / shì 懂事 [形] 物事がわかる。事情がよくわかっている。世の中のことをよくわかっている。

jiǎng 讲 [動] 話す。説明する。述べる。

tīng / dǒng 听懂 [動] 聞いてわかる。聞き取れる。

yàobu 要不 [接] もしそうでなければ。

chídào 迟到 [動] 遅刻する。

fù 负 [動] 負う。取る。

zérèn 责任 [名] 責任。

zuòbuchéng 做不成　することができない。やることができない。

xiāngxìn 相信 [動] 信用する。信ずる。

míngpái 名牌 [名] ブランド。

huò 货 [名] しなもの。もの。商品。

yìqíng 疫情 [名] 疾病の発生及び感染の状況。

gègè 个个 [名] それぞれ。ひとつひとつ。

guójiā 国家 [名] 国家。

zhèngcè 政策 [名] 政策。

kǒuzhào 口罩 [名] マスク。

dài kǒuzhào 戴口罩　マスクを付ける。

juédìngbuliǎo 决定不了　決定できない。

wǎngqiú 网球 [名] テニス。

bǐsài 比赛 [名] 試合。

yǎnjiǎng bǐsài 演讲比赛　弁論大会。

cānjiādeliǎo 参加得了　参加できる。

cānjiābuliǎo 参加不了　参加できない。

jiāwùshì 家务事 [名] 家事。

bāng 帮 [動] 手伝う。助ける。

túshūguǎn 图书馆 [名] 図書館。

jièdedào 借得到　借りることができる。

xīn 新　形 新しい。

suīrán 虽然　…接 …だけれども、しかし…。…ではあるけれども、しかし…。（多く「虽然(suīrán)…，可是(kěshì)…」で用いる。）

zhùbuxià 住不下　住むことができない。住めない。

bāndedòng 搬得动　運ぶことができる

zhòng 重　形 重い。　名 重さ。

nánguó 南国　南の国。中国の南方。

chūchǎn 出产　動 生産する。

shuǐguǒ 水果　名 果物。

yǒude 有的　代 あるもの。ある人。

rúguǒ 如果　接 もし…ならば。

zuò / mèng 做梦　動 1．夢を見る。2．夢想する。空想する。

bù'ān 不安　形 不安に感じる。落ち着かなくなる。

rúguǒ 如果　接 もし…ならば。

piányi 便宜　形 値段が安い。　動 安くする。安くなる。

yuǎn 远　形 遠い。

第 **19** 課

Wǒ dài shǒujī lai le.
我 带 手机 来 了。

会 話 💬

🎧 277

簡体字

Wǒ wàngle dài zhàoxiàngjī. Zěnme bàn?
A: 我 忘了 带 照相机。怎么 办？

Wǒ dài shǒujī lai le, nǐ fàngxīn hǎo le.
B: 我 带 手机 来 了，你 放心 好 了。

Nà jiù, gǎnkuài pāi jítǐzhào ba.
A: 那 就，赶快 拍 集体照 吧。

Búyòng zháojí. Rén hái méi dàoqí.
B: 不用 着急。人 还 没 到齐。

Yòng shǒujī pāizhào、 pāi shìpín hěn fāngbiàn.
用 手机 拍照、拍 视频 很 方便。

Xiǎo Zhāng guòlai le, wǒmen yìqǐ pāi ba.
A: 小 张 过来 了，我们 一起 拍 吧。

Tā hǎoxiàng dài shuǐguǒ lai le. Zhēn hǎo!
B: 她 好像 带 水果 来 了。真 好！

Pāiwan zhào, wǒmen yìqǐ chī.
A: 拍完 照，我们 一起 吃。

繁體字

Wǒ wàngle dài zhàoxiàngjī. Zěnme bàn?
A: 我 忘了 带 照相機。怎麼 辦？

Wǒ dài shǒujī lai le, nǐ fàngxīn hǎo le.
B: 我 帶 手机 來 了，你 放心 好 了。

Nà jiù, gǎnkuài pāi jítǐzhào ba.
A: 那 就，趕快 拍 集體照 吧。

Búyòng zháojí. Rén hái méi dàoqí.
B: 不用 著急。人 還 沒 到齊。

Yòng shǒujī pāizhào、 pāi shìpín hěn fāngbiàn.
用 手機 拍照、拍 視頻 很 方便。

Xiǎo Zhāng guòlai le, wǒmen yìqǐ pāi ba.
A: 小 張 過來 了，我們 一起 拍 吧。

Tā hǎoxiàng dài shuǐguǒ lai le. Zhēn hǎo!
B: 她 好像 帶 水果 來 了。真 好！

Pāiwan zhào, wǒmen yìqǐ chī.
A: 拍完 照，我們 一起 吃。

文 法

1 単純方向補語

"来"は動詞について、人・事物が動作に伴い、話し手の位置や立場に近づくことを示す。"去"は話し手の位置や立場から遠ざかっていくことを表す。

（1）肯定形 🎧 278

主語	動詞	目的語	方向補語	動態助詞
Sīmǎ xiānsheng 司马 先生	pǎo 跑	*	lai. 来。	*
Tā 他	jìn 进	*	qu 去	le. 了。
Tāmen 他们	huí 回	sùshè 宿舍	lai 来	le. 了。

★目的語は必ず動詞と"来""去"の間におく。完了の動態助詞"了"は文末におく。
ただし、目的語に限定語がついている場合は下記のようになる。

主語	動詞		目的語
Wǒ 我	dàilai 带来	le 了	yí jià zhàoxiàngjī. 一 架 照相机。
Tā 他	mǎilai 买来	le 了	hěn duō shuǐguǒ. 很 多 水果。
Tā 他	fālai 发来	le 了	diànzǐ yóujiàn. 电子 邮件。

（2）否定形 🎧 279

主語	否定詞	述語
Tā 他	bú 不	jìnlai. 进来。
Tāmen 他们	bù 不	huí sùshè qu. 回 宿舍 去。
Tā 她	méi you 没（有）	jìn jiàoshì lai. 进 教室 来。
Wǒ 我	méi you 没（有）	dài zhàoxiàngjī qu. 带 照相机 去。

（3）疑問形 🎧 280

主語	動詞	目的語	方向補語	動態助詞	疑問詞
Tā 她	dài 带	lǐwù 礼物	qu 去	le 了	ma? 吗？
XiǎoLín 小林	huí 回	fángjiān 房间	lai 来	le 了	méiyou? 没有？

2　複合方向補語

"上""下""进""出""回""过""起"の動詞と"来""去"を組み合わせて、動詞のうしろにおいて、動作行為の具体的な動きを表す。 🎧 281

	shang 上	xia 下	jin 进	chu 出	hui 回	guo 过	qi 起	kai 开
lai 来	shanglai 上来	xialai 下来	jinlai 进来	chulai 出来	huilai 回来	guolai 过来	qilai 起来	kailai 开来
qu 去	shangqu 上去	xiaqu 下去	jinqu 进去	chuqu 出去	huiqu 回去	guoqu 过去	*	*

（1）肯定形 🎧 282

主語	動詞	目的語	方向補語	動態助詞
Tā 他	zǒu 走	*	xialai. 下来。	*
Tàiyáng cóng dōngfāng 太阳 从 东方	shēng 升	*	qilai 起来	le. 了。
Qìchē 汽车	kāi 开	*	guolai 过来	le. 了。
Tāmen 他们	zǒujìn 走进	jiàoshì 教室	lai 来	le （了）
Wǒ mèimei 我 妹妹	mǎihuí 买回	shuǐguǒ 水果	lai 来	*
Tā 她	chàngqǐ 唱起	gē 歌	lai 来	le. 了。

★目的語は"来lái""去qù"の前におく。

★目的語が場所詞以外の名詞であり、限定語がついている場合は、動態助詞"了le"は下記の位置におき。ふつうは省略する。

主語	動詞	動態助詞	目的語
Wǒ jiějie 我 姐姐	mǎihuilai 买回来	le （了）	yìxiē dàngāo. 一些 蛋糕。
Tā 他	nájinlai 拿进来	le （了）	hěnduō huār. 很多 花儿。

（2）否定形 🎧 283

主語	否定詞	述語
Tā 她	méiyou 没有	zǒushangqu. 走上去。
Tā 她	méiyou 没有	mǎihuí shuǐguǒ lai. 买回 水果 来。

（3）疑問形 🎧 284

主語	述語			疑問詞
Tā 她	yě pǎoshangqu 也 跑上去			ma? 吗？
Tāmen 他们	bàifǎng kèhù 拜访 客户	qu 去	le 了	ma? 吗？
Tāmen 他们	zǒujìn lǐtáng 走进 礼堂	lai 来	le 了	ma? 吗？
Dōngxi 东西	fàngjinqu 放进去	le 了		méiyou? 没有？
Zìxíngchē 自行车	qíjinlai 骑进来	le 了		méiyou? 没有？

Ⅰ 音声を聞いて、日本語に訳しましょう。

❶ ....

❷ ....

❸ ....

❹ ....

❺ ....

❻ ....

❼ ....

❽ ....

Ⅱ 正しい語順になるように並べ替えましょう。

❶ 彼はカラーテレビを一台買って戻ってきました。

diànshìjī　　cǎisè　　mǎihuilai　　tā　　yì tái
（电视机，彩色，买回来，他，一台）

---

❷ 彼らはまた喧嘩し始めました。

dǎ　jià　kāishǐ　qǐ　lai le　yòu　tāmen
（打，架，开始，起，来了，又，他们）

---

❸ 李さんは走って下りてきました。陳さんは一階から上がって行きました。

xià lóu　lai le　pǎo　LǎoLǐ　Xiǎo Chén　yì lóu　shangqu le　pǎo　cóng
（下楼，来了，跑，老李 / 小陈，一楼，上去了，跑，从）

---

❹ 私は商店から青島ビールを５本買ってきました。
　　wǒ　shāngdiàn　cóng　huilai　Qīngdǎo píjiǔ　wǔ píng　mǎi
（我，商店，从，回来，青岛啤酒，五瓶，买）

❺ 楊さんは家にいますか？　おりません。彼はすでに家に帰っていきました。
　　jiā　zài　Yáng xiānsheng ma　bú zài　qù le　huí jiā　tā　yǐjīng
（家，在，杨先生，吗？／不在，去了，回家，他，已经）

❻ 彼は図書館に行って本を一冊借りてきました。
　　yì běn shū　cóng　jièlai le　túshūguǎn　tā
（一本书，从，借来了，图书馆，他）

新出単語

💬 会話

wàng 忘　[動] 忘れる。

zhàoxiàngjī 照相机　[名] カメラ。写真機。

fàng / xīn 放心　[動] 安心する。

jítǐzhào 集体照　[名] 集合写真。

dào qí 到齐　みんなそろう。全員到着する。
　　皆集合する。

fāngbiàn 方便　[形] 便利である。割合が良
　　い。[名] 便利。

guò / lai 过来　やってくる。

hǎoxiàng 好像　…まるで…のようである。

pāi / zhào 拍照　[動] 写真を撮る。写す。

📖 文法

Sīmǎ 司马　[名] 司馬。（"司马" は中国人の姓）

jìn 进　[動] 1.入る。進む。2.(動詞の後につ
　　く補語) 移動を表す。

fālai 发来　[動] 出す。支給する。交付する。
　　配る。

diànzǐ yóujiàn 电子邮件　[名] Eメール。

jiàoshì 教室　[名] 教室。

lǐwù 礼物　[名] プレゼント。贈り物。

Xiǎo Lín 小林　林さん。（"林" は中国人の姓）

shanglai 上来　（話し手に向かってくる上
　　向きの動作）上がってくる。

xialai 下来　（話し手に向かってくる下向
　　きの動作）下がってくる。

jinlai 进来　（話し手に向かってくる動作）
　　入ってくる。

chulai 出来　（話し手に向かってくる動
　　作）出てくる。

huilai 回来　（話し手に向かってくる動作）

戻ってくる。帰ってくる。

guolai 过来 （話し手に向かってくる動作）
やってくる。

qilai 起来 （上向きの動作）…し始める。

kailai 开来 （話し手に向かってくる動作）運
転してくる。

shangqu 上去 （話し手から離れていく上向
きの動作）上がっていく。

xiaqu 下去 （話し手から離れていく下向きの
動作）下がっていく。

jinqu 进去 （話し手から離れていく動作）
入っていく。

chuqu 出去 （話し手から離れていく動作）出
ていく。

huiqu 回去 （話し手から離れていく動作）
戻っていく。

guoqu 过去 通り過ぎていく。

tàiyáng 太阳 名 太陽。

cóng 从 前 …から。…を経過して。…を
経て。

dōngfāng 东方 前 東方。東。

shēng 升 動 登る。上がる。

xiē 些 数 少し。いくつか。

dàngāo 蛋糕 名 カステラ。ケーキ。

huār 花儿 名 花。

bàifǎng 拜访 動 お伺いする。ご訪問する。

kèhù 客户 名 取引先。顧客。

lǐtáng 礼堂 名 講堂。

zìxíngchē 自行车 名 自転車。

qíjinlai 骑进来 （またがって）乗って入っ
てくる。

✒ 練習

shāndǐng 山顶 名 山頂。

bèi / shū 背书 動 本を暗記する。本を覚える。

zǒuláizǒuqù 走来走去 行ったり来たりす
る。歩き回る。

dà jiàole yì shēng 大叫了一声 大声を上
げた。

gǎnjǐn 赶紧 副 大慌てで。大急ぎで。あわ
てて。

Zhōu lǎoshī 周老师 周先生（"周"は中国人
の姓）

shànglóu 上楼 建物の上の階に上がって行
く。階上へ上がる。

jiàoxuélóu 教学楼 名 教室のある建物。

lóutī 楼梯 名 階段。

lèi 累 形 疲れる。

diàntī 电梯 名 エレベーター。

fūren 夫人 名 夫人。奥様。

hé 盒 助数 小箱に入ったものを数える。

biàndāng 便当 名 弁当。

Sūn lǎoshī 孙老师 孫先生。（"孙"は中
国人の姓）

sān lóu 三楼 3階。

bēibāo 背包 名 リュックサック。

tái 台 助数 …台。

cǎisè 彩色 名 カラー。

diànshìjī 电视机 名 テレビ。

yòu 又 副 また。さらに。

dǎ / jià 打架 動 喧嘩をする。殴り合いを
する。

wǔ píng 五瓶 5本。

cóng 从 前 …から。

Qīngdǎo píjiǔ 青岛啤酒 青島ビール。
（山東省の名産）

zài jiā 在家 家にいる。

第 **20** 課

Niǔyuē de dōngtiān bǐ Dōngjīng gèng lěng.
纽约 的 冬天 比 东京 更 冷。

 会 話

286

简体字

Shànghǎi de dōngtiān hé Niǔyuē de dōngtiān něige lěng?
A: 上海 的 冬天 和 纽约 的 冬天 哪个 冷？

Dāngrán shì Niǔyuē de.
B: 当然 是 纽约 的。

Nàme, Dōngjīng de dōngtiān hé Niǔyuē de něige lěng?
A: 那么，东京 的 冬天 和 纽约 的 哪个 冷？

Niǔyuē de dōngtiān bǐ Dōngjīng gèng lěng.
B: 纽约 的 冬天 比 东京 更 冷。

Dōngjīng de dōngtiān méiyǒu Niǔyuē nàme lěng.
东京 的 冬天 没有 纽约 那么 冷。

Shànghǎi、Běijīng、Niǔyuē、Dōngjīng, bǐjiàoqilai, hěn yǒu yìsi.
A: 上海、北京、纽约、东京，比较起来，很 有 意思。

Duì. Zhōngguó hé Měiguó guótǔ liáokuò, qìhòu de chābié yě
B: 对。中国 和 美国 国土 辽阔，气候 的 差别 也

hěn dà.
很 大。

Rìběn suīrán miànjī bú dà, dànshì nánběi kuàdù dà,
A: 日本 虽然 面积 不 大，但是 南北 跨度 大，

Běihǎidào hé Chōngshéng de qìhòu wánquán bù yíyàng.
北海道 和 冲绳 的 气候 完全 不 一样。

A： Shànghǎi de dōngtiān hé Niǔyuē de nǎige lěng?
上海 的 冬天 和 紐約 的 哪個 冷？

B： Dàngrán shì Niǔyuē de.
當然 是 紐約 的。

A： Nàme, Dōngjīng de dōngtiān hé Niǔyuē de nǎige lěng?
那麼，東京 的 冬天 和 紐約 的 哪個 冷？

B： Niǔyuē de dōngtiān bǐ dōngjīng gèng lěng.
紐約 的 冬天 比 東京 更 冷。

Dōngjīng de dōngtiān méiyǒu Niǔyuē nàme lěng.
東京 的 冬天 沒有 紐約 那麼 冷。

A： Shànghǎi、Běijīng、Niǔyuē、Dōngjīng, bǐjiàoqilai, hěn yǒu yìsi.
上海、北京、紐約、東京，比較起來，很 有 意思。

B： Duì Zhōngguó hé Měiguó guótǔ liáokuò, qìhòu de chābiè yě hěn dà.
對。中國 和 美國 國土 遼闊，氣候 的 差別 也 很 大。

A： Rìběn suīrán miànjī bú dà, dànshì nánběi kuàdù dà,
日本 雖然 面積 不 大，但是 南北 跨度 大，

Běihǎidào hé Chōngshéng de qìhòu wánquán bù yíyàng.
北海道 和 沖繩 的 氣候 完全 不 一樣。

1 類似・同一を表す "跟...一样"

（1）肯定形と否定形 🎧 287

主語	前置詞	目的語	否定詞	形容詞
Tā de kànfǎ 他 的 看法	hé 和	wǒmen de kànfǎ 我们 的 看法	*	yíyàng. 一样。
Tā de kànfǎ 他 的 看法	gēn 跟	wǒmen de kànfǎ 我们 的 看法	*	yíyàng. 一样。
Wǒ de shǒubiǎo 我 的 手表	gēn 跟	nǐ de shǒubiǎo 你 的 手表	bù 不	yíyàng. 一样。
Nǐ de zhuānyè 你 的 专业	gēn 跟	wǒ de zhuānyè 我 的 专业	bù 不	yíyàng. 一样。

★否定詞の "不" はふつう "一样" の前におく。"和" は "跟" でもどちらでも良い。

（2）疑問形 🎧 288

主語	前置詞	目的語	形容詞	疑問助詞
Nǐ de xiǎngfǎ 你 的 想法	hé 和	tā de xiǎngfǎ 她 的 想法	yíyàng 一样	ma? 吗？
Nǐ de xiǎngfǎ 你 的 想法	gēn 跟	tā de xiǎngfǎ 她 的 想法	yíyàng 一样	ma? 吗？
Jīntiān de yīnyuèhuì jiémù 今天 的 音乐会 节目	hé 和	míngtiān de 明天 的	yíyàng bu yíyàng? 一样 不 一样？	*
Zhège bèibāo 这个 背包	gēn 跟	nàge shūbāo 那个 书包	yíyàng bu yíyàng? 一样 不 一样？	*

（3）"跟...一样" を状況語として用いる場合 🎧 289

主語	状況語		形容詞
Lǐ xiānsheng hé Zhāng xiānshēng 李 先生 和 张 先生	gēn qīnxiōngdì yíyàng 跟 亲兄弟 一样	de （地）	qīnrè. 亲热。
Jīnnián dōngtiān 今年 冬天	gēn chūntiān yíyàng 跟 春天 一样	de （地）	wēnnuǎn. 温暖。

★（地）は省略しても良い。

"A 比 B" 「A は B より……」、性状や程度の比較に用いる。

（1）肯定形 🔊 290

主語	前置詞	目的語	形容詞
Wǒ dìdi 我 弟弟	bǐ 比	wǒ 我	gāo. 高。
Dǎ diànhuà 打 电话	bǐ 比	xiě xìn 写 信	gèng kuài. 更 快。
Wǒ 我	bǐ 比	tā 她	xiǎo. 小。

比較するものは動詞句でもよい。★副詞 "很" "真" "非常" "太" は使えない。

（2）動作を比較する場合 🔊 291

主語	前置詞	目的語	述語
Tā 他	bǐ 比	wǒ 我	zǒude màn. 走得 慢。
Tā 他	bǐ 比	wǒ 我	pǎode kuài. 跑得 快。
Tā 她	bǐ 比	wǒ 我	qǐde zǎo. 起得 早。
Tā 她	bǐ 比	wǒ 我	shuìde zǎo. 睡得 早。

★目的語がある場合は動詞を繰り返す。

主語	動詞	前置詞＋名詞		前置詞＋名詞	形容詞
Tā 他	huáxuě 滑雪	bǐ nǐ 比 你	huáde 滑得	bǐ nǐ 比 你	hǎo. 好。
Tā 他	shuō Yīngwén 说 英文	bǐ wǒ 比 我	shuōde 说得	bǐ wǒ 比 我	liúlì. 流利。

★"比"＋名詞はどちらにおいても良い。

★参考 "A＋不 比＋B～"「A は B より～というわけではない」
Zhè zhǒng kāfēi bù bǐ nà zhǒng chà.
这 种 咖啡 不 比 那 种 差。(このコーヒーもあれに負けず劣らず良質のコーヒーです)
Zhèyàng zuò bù bǐ nàyàng zuò hǎo.
这样 做 不 比 那样 做 好。(こうするのはそうするのと大差なく、ドングリの背比べだ)
Wǒ dìdi bù bǐ wǒ gāo.
我 弟弟 不 比 我 高。(私の弟は私より背が高いというわけではない。ほぼ同じ位の背丈である。)

（3）疑問形 🎧 292

主語	動詞		前置詞＋名詞		述語	疑問助詞
Nǐ 你	yóuyǒng 游泳	yóude 游得	bǐ 比	nǐ 你	hǎo 好	ma? 吗？
Nǐ mèimei 你 妹妹	* 	* 	bǐ 比	nǐ 你	gāo 高	ma? 吗？
Tā 他	* 	* 	bǐ 比	nǐ 你	dà 大	ma? 吗？

（4）否定形 🎧 293

★"没有"を用いることが多い。

★"A＋没（有）＋B～"「AはBほど～ではない」
　Wǒ dìdì méiyǒu wǒ nàme gāo.
　"我 弟弟 没有 我（那么）高。"（私の弟は私ほど背が高くない）

3　"有"を用いる比較表現

事物や事柄の程度・範囲の分量の基準を決め、その基準に達しているか否かを表す。

（1）肯定形と否定形 🎧 294

主語	動詞		形容詞
Zhège háizi 这个 孩子	yǒu 有	wǒ dìdì 我 弟弟	nàme gāo. （那么）高。
Zhè zuò lóu 这 座 楼	yǒu 有	nà zuò lóu 那 座 楼	nàme gāo. （那么）高。
Zhèjiàn yīfu 这件 衣服	méiyǒu 没有	nàjiàn yīfu 那件 衣服	nàme hǎo. （那么）好。
Wǔhàn de xiàtiān 武汉 的 夏天	méiyǒu 没有	Běihǎidào 北海道	nàme liángkuai. （那么）凉快。

★"这么""那么"は省略できる。

（2）疑問形 🎧 295

主語	動詞	目的語		形容詞	疑問助詞
Dǎ wǎngqiú 打 网球	yǒu 有	dǎ pīngpāngqiú 打 乒乓球	nàme （那么）	róngyì 容易	ma? 吗？
Hánguócài 韩国菜	yǒu 有	Zhōngguócài 中国菜	zhème （这么）	hàochī 好吃	ma? 吗？

☐ I 　音声を聞いて、日本語に訳しましょう。　　　　🎧 296

❶ ....

❷ ....

❸ ....

❹ ....

❺ ....

❻ ....

❼ ....

❽ ....

❾ ....

❿ ....

☐ II 　正しい語順になるように並べ替えましょう。

❶ 彼は中国語を話すのが私より上手です。
　　bǐ　　wǒ　　hǎo　　shuō　　Hànyǔ　　tā shuō　　de
　（比，我，好，说，汉语，他说，得）

....

❷ ニューヨークの物価は東京より高いです。
　　Dōngjīng　Niǔyuē　wùjià　gāo　de　bǐ
　（东京，纽约，物价，高，的，比）

....

❸ この服は、あの服のように素敵ではありません。私はほかのを買いたいと思います。
　　nà jiàn　zhè jiàn　méi yǒu　yīfu　piàoliang　bié de　wǒ　xiǎng　hái　mǎi
　（那件，这件，没有，衣服，漂亮／别的，我，想，还，买）

....

❹ シンガポールは台湾より暑いですか？

<ruby>新加坡<rt>Xīnjiāpō</rt></ruby>，<ruby>比<rt>bǐ</rt></ruby>，<ruby>台湾<rt>Táiwān</rt></ruby>，<ruby>吗<rt>ma</rt></ruby>，？，<ruby>热<rt>rè</rt></ruby>
（新加坡，比，台湾，吗，？，热）

---

❺ 広東料理は東北料理より美味しいですか？

Dōngběicài Guǎngdōngcài bǐ ma hǎochī
（东北菜，广东菜，比，吗？，好吃）

---

❻ 彼の子どもは私の子どもと同じ年齢です。

háizi háizi tā de wǒ de yí yàng gēn dà
（孩子，孩子，他的，我的，一样，跟，大）

新出単語

💬 会話

dōngtiān 冬天 [名] 冬。	liáokuò 辽阔 [形] 果てしなく広い。広々としている。
Niǔyuē 纽约 [名] ニューヨーク。	qìhòu 气候 [名] 気候。
něige 哪个 [疑] どれ。どの。	chābié 差别 [名] 違い。差。格差。
dāngrán 当然 [副] 当然。もちろん。	miànjī 面积 [名] 面積。
nàme 那么 [接] それでは。それなら。	nánběi 南北 [名] 南北。
Dōngjīng 东京 [名] 東京。	kuàdù 跨度 [名] 支点間距離。スパン。
gèng 更 [副] さらに。もっと。より一層。	Běihǎidào 北海道 [名] 北海道。
méiyǒu ... nàme 没有 ... 那么 ：…ほど…ではない。	wánquán 完全 [副] まったく。すべて。完全に。 [形] 完全である。
yǒu yìsi 有意思 面白い。⇔ <ruby>没意思<rt>méi yìsi</rt></ruby>	
guótǔ 国土 [名] 国土。領土。	

kànfǎ 看法 [名] 見方。

zhuānyè 专业 [名] 専門。専攻。

xiǎngfǎ 想法 [名] 考え方。意見。

jiémù 节目 [名] プログラム。出し物。番組。

Lǐ 李 [名] 李。(中国人の姓)

Zhāng 张 [名] 張。(中国人の姓)

qīnxiōngdì 亲兄弟 血縁のある兄弟。本当の兄弟。

qīnrè 亲热 [形] 親しい、仲が良い。

chūntiān 春天 [名] 春。

wēnnuǎn 温暖 [形] 温暖である。暖かい。温かい。

gāo 高 [形] 高い。優れている。

xiě xìn 写信 手紙を書く。

xiǎo 小 [形] 若い。年下である。小さい。少ない。小柄である。

huá / xuě 滑雪 スキーをする。

Wǔhàn 武汉 [名] 武漢 (湖北省)。

xiàtiān 夏天 [名] 夏。サマー。

liángkuai 凉快 [形] 涼しい。

dǎ wǎngqiú 打 网球 テニスをする。

róngyì 容易 [形] やさしい。容易である。

dǎ pīngpāngqiú 打 乒乓球 卓球をする。

Hánguócài 韩国菜 [名] 韓国料理。

hǎochī 好吃 [形] (食べて) 美味しい。

tiānqì 天气 [名] 天気。

qiáng 强 [形] 強い。優れている。

zhāng 张 [助数] …枚。

dìtú 地图 [名] 地図。

zhè zhāng dìtú 这张地图 この地図。("张" は助数詞)。

dúshēng-zǐnǚ 独生子女 一人っ子。

xiǎohuángdi 小皇帝 [名] 小さな皇帝。一人っ子を指す。

qìguǎnyán 气管炎 (妻管严 qīguǎnyán) [名] 気管支炎 (発音が似ているため・妻が厳しく管理する:恐妻家という意味になる)

huá / bīng 滑冰 [動] スケートをする。[名] スケート。

rè 热 [形] 暑い。

cāozuò 操作 [動] 操作する。[名] 操作。

qījiān 期间 [名] 期間。

hǎo xué 好学 学びやすい。★"好"(○○○しやすい) は動詞の前に用い、その動作が容易にできることを表わす。

wùjià 物价 [名] 物価。ものの値段。

biéde 别的 [代] ほかのもの。別のもの。

Dōngběicài 东北菜 [名] 東北料理。

第 21 課

Wǒ yǐjīng bǎ kèběn
我 已经 把 课本
xiàzàixialai le.
下载下来 了。

会 話

🎧 297

簡体字

Tiānqì hěn rè, qǐng bǎ chuānghu dǎkāi.
A： 天气 很 热，请 把 窗户 打开。

Hǎo. Wǒ bǎ chuānghu hé mén dǎkāi le.
B： 好。我 把 窗户 和 门 打开 了。

Qǐng búyào bǎ mén dǎkāi. Qǐng bǎ mén guānshàng.
A： 请 不要 把 门 打开。请 把 门 关上。

Míngbai le. Nǐ yào bu yào dǎsǎo fángjiān?
B： 明白 了。你 要 不 要 打扫 房间？

Bù, wǒ de fángjiān bú shì hěn gānjìng ma?
A： 不，我 的 房间 不 是 很 干净 吗？

Zhè hái gānjìng? Nándào nǐ yǎnjing jìnshì ma?
B： 这 还 干净？难道 你 眼睛 近视 吗？

·····························

Nǐ zěnme kōngshǒu lái shàngkè, nǐ nándào bù mǎi kèběn ma?
A： 你 怎么 空手 来 上课，你 难道 不 买 课本 吗？

Lǎoshī, wǒ yǐjīng bǎ kèběn xiàzàixialai le.
B： 老师，我 已经 把 课本 下载下来 了。

Nín kàn, zài diànnǎo li ne.
您 看，在 电脑 里 呢。

Tiānqì hěn rè, qǐng bǎ chuānghu dǎkāi.
A: 天氣 很 熱，請 把 窗戶 打開。

Hǎo. Wǒ bǎ chuānghu hé mén dǎkāi le.
B: 好。我 把 窗戶 和 門 打開 了。

Qǐng búyào bǎ mén dǎkāi. Qǐng bǎ mén guānshàng.
A: 請 不要 把 門 打開。請 把 門 關上。

Míngbai le. Nǐ yào bu yào dǎsǎo fángjiān?
B: 明白 了。你 要 不 要 打掃 房間？

Bù, wǒ de fángjiān bú shì gānjìng mǎ?
A: 不，我 的 房間 不 是 乾淨 嗎？

Zhè hái gānjìng? Nándào nǐ yǎnjing jìnshì ma?
B: 這 還 乾淨？難道 你 眼睛 近視 嗎？

Nǐ zěnme kōngshǒu lái shàngkè, nándào nǐ bù mǎi kèběn ma?
A: 你 怎麼 空手 來 上課，難道 你 不 買 課本 嗎？

Lǎoshī, wǒ yǐjīng bǎ kèběnxiàzài xialai le.
B: 老師，我 已經 把 課本下載 下來 了。

Nín kàn, zài diànnǎo li ne.
您 看，在 電腦 里 呢。

164

1 "把" 構文　I 類

★"他打开电视了"は「彼はテレビをつけました」の意味であるが、テレビを消したのではなく、
明確な具体的取り扱いを強調する場合は、"他 把 电视 打开 了"と言う。

> 主語＋動詞＋目的語　→　主語＋"把"＋目的語＋動詞

（1）肯定形　🎧 298

Wǒ zuòwánle jīntiān de zuòyè.	Wǒ bǎ jīntiān de zuòyè zuòwán le.
我 做完了 今天 的 作业。 →	我 把 今天 的 作业 做完 了。
Qǐng dǎkāi diànshì.	Qǐng bǎ diànshì dǎkāi.
请 打开 电视。 →	请 把 电视 打开。

（2）否定形　🎧 299

★否定詞"没有"を必ず"把"の前におく。

主語	否定詞	述語
Wǒ 我	méiyou 没有	bǎ zhè jiàn shì gàosu tā. 把 这 件 事 告诉 他。
Tā 她	méiyou 没有	bǎ qìchē tíngzài ménkǒu. 把 汽车 停在 门口。
Tā 他	méiyou 没有	bǎ máoyī chuānshàng. 把 毛衣 穿上。
Tā 他	hái méiyou 还 没有	bǎ kèwén bēide hěn shú. 把 课文 背得 很 熟。
Wǒ 我	hái méiyou 还 没有	bǎ xiǎoshuō fānchéng Rìwén. 把 小说 翻成 日文。
Wǒ 我	hái méiyou 还 没有	bǎ zìjǐ de zhuānyè dìngxialai. 把 自己 的 专业 定下来。

（3）疑問形 🎧 300

主語	前置詞	目的語			述語			疑問助詞
Tā 他	bǎ 把	wǒ 我	de 的	míngzi 名字	gàosu 告诉	biérén 别人	le 了	ma? 吗？
Nǐ 你	bǎ 把	wǒ 我 的	shǒujī 手机	hàomǎ 号码	gàosu 告诉	biérén 别人	le 了	ma? 吗？
Nǐ 你	bǎ 把	fángjiān 房间	de 的	yàoshi 钥匙	huángěi 还给	fángdōng 房东	le 了	ma? 吗？
Nǐ 你	bǎ 把	mén 门			suǒ 锁	le 了		ma? 吗？

---

2 "把"構文 Ⅱ類

動詞＋"在""到""给""为""成""作"の場合、そのあとに動作の対象となる事物はおけない。
下記の例文では、目的語はこの位置から動かせない。

（1）肯定形 🎧 301

主語	前置詞	目的語	動詞	目的語
Tā 他	bǎ 把	yí shù huā 一 束 花	bǎizài 摆在	zhuōzi shang. 桌子 上。
Tā 她	bǎ 把	bìngrén 病人	sòngdàole 送到了	yīyuàn. 医院。
Tā 他	bǎ 把	qiú 球	rēnggěi 扔给	wǒ le. 我 了。

（2）否定形、疑問形 🎧 302

★否定詞、助動詞、副詞、時間詞は"把"の前におく。

> Xiànzài qǐng bǎ nà zhāng dìtú guàzài qiáng shang.
> 现在 请 把 那 张 地图 挂在 墙 上。
>
> Lǎo Yáo xiǎng bǎ kèren sòngdào chēzhàn qu ma?
> 老 姚 想 把 客人 送到 车站 去 吗？
>
> Jīntiān bù bǎ zhège wèntí jiějuéhǎo, wǒ jiù shuìbuhǎo jiào.
> 今天 不 把 这个 问题 解决好，我 就 睡不好 觉。

（1）难道...吗？ 「まさか…ではあるまい」　🎧 303

> Nǐ zǒngshì shuō tài máng le,
> 你 总是 说 太 忙 了,
> nándào lián dǎ ge diànhuà de shíjiān yě méiyǒu ma?
> 难道 连 打 个 电话 的 时间 也 没有 吗?

> Wǒ yǐjīng gàosu nǐ hǎo jǐ cì le, nǐ nándào wàng le ma?
> 我 已经 告诉 你 好 几 次 了, 你 难道 忘 了 吗?

（2）何必 「…しなくてもいいではないですか」　🎧 304

> Dǎ ge diànhuà jiù xíng le, hébì qīnzì qù ne?
> 打 个 电话 就 行 了, 何必 亲自 去 呢?

> Jīntiān de yànhuì lái de dōu shì lǎo péngyou, hébì kèqi.
> 今天 的 宴会 来 的 都 是 老 朋友, 何必 客气。

（3）不是...吗？ 「…ではないですか？」　🎧 305
　疑問文の形であるが、意味上は疑問ではなく、考えや事実を肯定的に強調する。

> Nǐ tài kèqi le, nǐ de Yīngwén bú shì hěn hǎo ma?
> 你 太 客气 了, 你 的 英文 不 是 很 好 吗?

> Nà bù Měiguó diànyǐng bú shì hěn yǒuqù ma?
> 那 部 美国 电影 不 是 很 有趣 吗?

I 音声を聞いて、日本語に訳しましょう。　🎧 306

1 ....

2 ....

3 ....

4 ....

5 ....

6 ....

7 ....

8 ....

9 ....

10 ....

11 ....

II 正しい語順になるように並べ替えましょう。

1 どうかこの文を"把"構文に変えてください。
　　　"bǎ"zìjù　　zhè ge　qǐng　bǎ　gǎichéng　jùzi
　（"把"字句，这个，请，把，改成，句子）

....

2 今から録音を聞き始めます。（どうか）イヤフォンを付けてください。
　　xiànzài　　lùyīn　　kāishǐ tīng　qǐng　ěrjī　　bǎ　dàishàng
　（现在，录音，开始听 / 请，耳机，把，戴上）

....

❸ （どうか）自動車を駐車場に停めてください。
  tíngchēchǎng chē qǐng bǎ tíng zài
（停车场，车，请把，停，在）

❹ 私たちにあなたの故郷を紹介してくださいませんか？
  qǐng nǐ de gùxiāng jièshào gěi wǒmen yí xià, hǎo ma
（请，你的故乡，介绍，给我们，?，一下，好吗）

❺ 貴重品を携帯すべきです。
  xiédài yīnggāi guìzhòng wùpǐn suíshēn
（携带，应该，贵重 物品，随身）

❻ あなたは中国語の小説を読んで理解できない、と言いますが、（それでは）中国映画なら理解できるでしょう？
  nǐ shuō Zhōngwén xiǎoshuō kànbudǒng Zhōngguó diànyǐng nàme kàndedǒng ba
（你说，中文小说，看不懂 / 中国电影，那么，看得懂，吧，?）

❼ あなたはまさかこのニュースを知らないはずはない。知っているはずです。
  nǐ nándào bù zhīdào xīnwén zhè ge zhīdao yídìng de nǐ
（你，难道，?，不知道，新闻，这个 / 知道，一定，的，你）

新出単語

💬 **会話**

bǎ 把 [前] …を。（目的語を前にもってくる。主語＋把＋目的語＋動詞）

chuānghu 窗户 [名] 窓。

dǎ / kāi 打开 [動] 開ける。開く。

mén 门 [名] ドア。入り口。

guān 关 [動] 閉じる。閉める。消す。⇔ "开"（kāi）

míngbai 明白 [形] わかる。理解する。はっきりしている。[動] わかる。

nándào... ma 难道... 吗 [副] まさか…ではあるまい。（反語の意を表す）

yǎnjing 眼睛 [名] 目。

jìnshì 近视 [名] 近視。

kōng / shǒu 空手 [動] 何も持たない。手ぶらで。

nín kàn 您看 ほら。ちょっと。（相手に注意をうながす）

zhè jiàn shì 这件事　このこと。（"件"は助数詞）

chuān máoyī 穿毛衣　セーターを着る。

bèi 背　動 暗記する。

shú 熟　形 良く知っている。熟知している。慣れている。

fānchéng 翻成　動 訳す。翻訳する。

dìng 定　動 決める。決定する。

biérén 别人　名 ほかの人。他人。

shǒujī hàomǎ 手机号码　名 携帯番号。

huángěi 还给　…に返却する。…に返す。

fángdōng 房东　名 大家。（部屋を貸している人）

suǒ 锁　動 鍵をかける。

yí shù huā 一束花　一束の花。（"束"は助数詞）

bǎizài 摆在　…に並べる。

bìngrén 病人　名 病人。

sòngdào 送到　…まで送る。…まで届ける。

yīyuàn 医院　名 病院。

qiú 球　名 玉。ボール。

rēng 扔　動 投げる。

Lǎo Yáo 老姚　姚さん。（"姚"は中国人の姓）

shuìbuhǎo jiào 睡不好觉　よく眠ることができない。あまりよく眠れない。

hébì 何必　副 書面語。どうして…する必要があろうか、そうする必要はない。（反語の意を表す）

qīnzì 亲自　副 自ら。自分で。

lǎo péngyou 老朋友　名 古い友人。

kèqi 客气　動 遠慮する。 形 丁寧な。⇔"不客气" bú kèqi

yǒuqù 有趣　形 面白い。

kàncuò 看错　見間違う。

kànchéng 看成　動 …とみなす。

jīnróngkǎ 金融卡　名 金融カード。デビットカード。

náshǒu 拿手　形 得意である。上手である。

mìmǎ 密码　名 暗唱番号。パスワード。

yǒngyuǎn 永远　副 永遠に。

bú huì 不会　…のはずがない。

wàng / diao 忘掉　動 忘れてしまう。

wàngbuliǎo 忘不了　忘れることができない。

dàjiā 大家　名 みんな。みなさん。

xuǎnwéi 选为　…を選ぶ。…を選挙する。

bānzhǎng 班长　名 班長。クラスの長。ルーム委員長。

tiáozi 条子　名 メモ。

jiāogěi 交给　動 …に渡す。

"bǎ"zìjù "把"字句　把構文。

gǎichéng 改成　動 変える。

tíngchēchǎng 停车场　名 駐車場。

gùxiāng 故乡　名 故郷。ふるさと。

guìzhòng wùpǐn 贵重物品　名 貴重品。

suíshēn 随身　動 携帯する。

xiédài 携带　動 携帯する。身に付ける。

xīnwén 新闻　名 1．ニュース。報道記事。2．ニュートピック。

Xú xiānsheng bèi　pàidào　Dōngnányà　gōngzuò.
徐 先生 被 派到 东南亚 工作。

会 話

簡体字

Xú xiānsheng bèi　pàidào　Dōngnányà gōngzuò.
A：　徐 先生 被 派到 东南亚 工作。

Zhēn de,　tā dài jiāshǔ　qu　ma?
B：　真 的，他 带 家属 去 吗？

Tā méiyou dài jiāshǔ　zǒu. Búguò　jǐ　ge yuè hòu,
A：　他 没有 带 家属 走。不过 几 个 月 后，

jiālirén　huì　qù.
家里人 会 去。

Míngbai　le.
B：　明白 了。

Xú xiānsheng yào zhǔnbèi　yíxià　xíngli.
A：　徐 先生 要 准备 一下 行李。

Tā shuō zhèxiē　zīliào　dōu gěi　nǐ.
他 说 这些 资料 都 给 你。

Xièxie.　Qíshí,　wǒ xiǎng gēn　tā jiàn yí miàn, jiāojiē yíxià gōngzuò.
B：　谢谢。其实，我 想 跟 他 见 一 面，交接 一下 工作。

繁體字

Xú xiānsheng bèi　pàidào　Dōngnányà gōngzuò.
A：　徐 先生 被 派到 東南亞 工作。

Zhēn de,　tā dài jiāshǔ　qu　ma?
B：　眞 的，他 帶 家屬 去 嗎？

Tā méiyou dài jiāshǔ　zǒu. Búguò　jǐ　ge yuè hòu,
A：　他 没有 帶 家屬 走。不過 幾 个 月 后，

jiālirén　huì　qù.
家裡人 會 去。

Míngbai　le.
B：　明白 了。

Xú xiānsheng yào zhǔnbèi　yíxià　xíngli.
A：　徐 先生 要 準備 一下 行李。

Tā shuō zhèxiē　zīliào　dōu gěi　nǐ.
他 説 這些 資料 都 給 你。

Xièxie.　Qíshí,　wǒ xiǎng gēn　tā jiàn yí miàn, jiāojiē yíxià gōngzuò.
B：　謝謝。其實，我 想 跟 他 見 一 面，交接 一下 工作。

1　受け身の表現——"被"／"让"／"叫"

（1）肯定形　🔊 308

受動者（人／もの）	受け身の前置詞	主動者（人）	動詞
Chuānghu 窗户	bèi 被	tā 他	dǎkāi　le. 打开　了。
Tā 他	ràng 让	dàifu 大夫	jiùhuó　le. 救活　了。
Wǒ　de　diànzǐ　cídiǎn 我　的　电子　词典	jiào 叫	péngyou 朋友	jièzǒu　le. 借走　了。

特に明示する必要がない場合は、"被"を用いる。"被"は直接動詞につけられる。

受動者（人／もの）	前置詞	主動者（人）	動詞
Xiǎo Zhōu 小　周	bèi 被	gōngsī 公司	pàidào　wàiguó　qu　le. 派到　外国　去　了。
Wǒ　de　qiánbāo 我　的　钱包	bèi 被	rén 人	tōu　le. 偷　了。
Wǒ　de　xìnyòngkǎ 我　的　信用卡	bèi 被	rén 人	dàoshuā　le. 盗刷　了。
Zhè　wèi　lǎorén 这　位　老人	bèi 被	rén （人）	piàn　le. 骗　了。

（2）否定形　🔊 309

受動者	否定形	前置詞	主動者	動詞
Zhège　wèntí 这个　问题	méiyou 没有	jiào 叫	dàjiā 大家	tíchulai. 提出来。
Wǒ　de　zìxíngchē 我　的　自行车	méiyou 没有	bèi 被	rén 人	qízǒu. 骑走。
Wǒ 我	méiyou 没有	bèi 被	dàyǔ 大雨	línshī. 淋湿。

★否定には"没有"を用いる。"了"は文末に付けない。

（3）疑問形　🔊 310

受動者	前置詞	主動者	動詞	疑問助詞
Nǐ　de　píngbǎn diànnǎo 你　的　平板　电脑	jiào 叫	Xiǎo Yáng 小　杨	názǒu　le 拿走　了	ma? 吗？
Zhège　míyǔ 这个　谜语	ràng 让	tā 他	cāizháo　le 猜着　了	ma? 吗？
Wǒ　de　zuòwén 我　的　作文	bèi 被	lǎoshī 老师	pīpíng　le 批评　了	ma? 吗？

2　兼語文（使役の表現）

名詞1	動詞1	名詞2（兼語）	動詞2
Wǒ 我	cuī 催	Lǎo Zhào 老 赵	zǎo diǎnr lái. 早 点儿 来。
Māma 妈妈	ràng 让	wǒ 我	qù mǎi dōngxi. 去 买 东西。
* *	yǒu 有	rén 人	zhǎo nǐ. 找 你。

 311

名詞2はいずれも動詞1の目的語であると同時に、動詞2の主語になっており、名詞2が2種類の品詞の機能を兼備している。

動詞1は、（1）使役の動詞、（2）使役性の動詞、（3）動詞 "有" に大別される。

（1）使役動詞を用いる場合　 312

主語	使役動詞	兼語	動詞など
Zhège xiāoxi 这个 消息	shǐ 使	tā 他	hěn yúkuài. 很 愉快。
Wǒ fùqin 我 父亲	ràng 让	wǒ 我	qù Xīnjiāpō xuéxí. 去 新加坡 学习。
Lǎoshī 老师	jiào 叫	wǒmen 我们	bèi kèwén. 背 课文。

★否定詞は使役動詞の前におく。

（2）使役性の動詞を用いる場合

依頼・懇願	qǐng 请
使役性	pài fēnfu dǎfa yāoqiú yào bāngzhù xuǎn quàn 派、吩咐、打发、要求、要、帮助、选、劝
許可	yǔnxǔ zhǔn róngxǔ 允许、准、容许

主語	否定詞	動詞	兼語	動詞
Xiǎo Wáng 小 王	*	qǐng 请	wǒ 我	dào tājiā wánr. 到 他家 玩儿。
Chén xiānsheng 陈 先生	*	qǐng 请	wǒmen 我们	chī fàn. 吃 饭。
Yīshēng 医生	bú 不	jiào 叫	tā 他	chūyuàn. 出院。
Gōngsī 公司	méiyou 没有	pài 派	tā 他	qù Xīnjiāpō gōngzuò. 去 新加坡 工作。

 313

（3）動詞"有"を用いる場合　🎧314

	動詞	兼語	述語
Gǔshíhou 古时候	yǒu 有	ge　shīrén 个　诗人	jiào　Lǐ　Bái. 叫　李　白。
Cānzhuō shang 餐桌　上	yǒu 有	yì　pán　cài 一　盘　菜	méi　rén　chī. 没　人　吃。

★否定形は成立しない。

3　"知道""希望"などの動詞
<small>zhīdao　xīwàng</small>

目的語に文や節をとる動詞がある。兼語文とは異なるので注意すること。

zhīdao　xīwàng　xiǎng　yuànyì　juéde　xǐhuan
知道、希望、想、愿意、觉得、喜欢

🎧315

Wǒmen　dōu　zhīdao　tā　hěn　cōngming.
我们　都　知道　他　很　聪明。

Xīwàng　tāmen　yǒngyuǎn　xìngfú　báitóu　xiélǎo.
希望　他们　永远　幸福，白头　偕老。

Tā　bù　xīwàng　fùqin　chōu　yān.
她　不　希望　父亲　抽　烟。

Niánqīngrén xǐhuan　hànbǎobāo、bǐsà、règǒu　děng,
年轻人　喜欢　汉堡包、比萨、热狗　等，

niánjì　dà　le　yǐhòu　kǒuwèir　huì biàn　de.
年纪　大　了　以后　口味儿　会　变　的。

I 音声を聞いて、日本語に訳しましょう。　🎧 316

❶ ....

❷ ....

❸ ....

❹ ....

❺ ....

❻ ....

❼ ....

❽ ....

❾ ....

❿ ....

⓫ ....

II 正しい語順になるように並べ替えましょう。

❶ 彼は交通事故に遭いました。救急車で病院に運ばれました。
　　 tā　　　le　　chēhuò　　yù dào　　bèi　　yīyuàn　　jiùhùchē　　sòng dào　　qù le
（他，了，车祸，遇到／被，医院，救护车，送到，去了）

....

❷ 彼は今朝車にぶつかりました。
　 zhuàng le　　　tā　　　qìchē　　jīntiān zǎoshang　bèi
（撞了，他，汽车，今天早上，被）

....

❸ 彼はあと莉莉という妹がひとりいます。

<small>Lìli　　yí ge mèimei　tā　　hái yǒu　jiào</small>
（莉莉，一个妹妹，他，还有，叫）

❹ 私はあなたと相談したいことがあります。

<small>shāngliang gēn　nín　yào　yí jiàn shì　wǒ　yǒu</small>
（商量，跟，您，要，一件事，我，有）

❺ 彼は私に食事をおごってくれます。私は申し訳なく思います。

<small>chī fàn　tā　wǒ　qǐng　bù hǎoyìsi　wǒ　jué de</small>
（吃饭，他，我，请 / 不好意思，我，觉得）

❻ 私が紛失した鍵はだれかに発見されました。非常に感謝しております。

<small>gǎnxiè　fāxiàn　diūshī de　wǒ　yàoshi　fēicháng　ràng rén　le</small>
（感谢，发现，丢失的，我，钥匙，非常，让人，了）

❼ インターネットの発達は、人類の生活を大きく変化させました。

<small>hěn dà　shǐ　biànhuà　de shēnghuó wǎngluò de fāzhǎn　de　fāshēng le　rénlèi</small>
（很大，使，变化，的生活，　网络的发展，的，发生了，人类）

新出単語

💬 会話

Xú 徐　名 徐。（"徐"は中国人の姓）

bèi 被　前 …に…される。（受身・被害を表す）

pài 派　動 派遣する。遣わす。

Dōngnányà 东南亚　名 東南アジア。

jiāshǔ 家属　名 （本人を除いた）家族。

xíngli 行李　名 荷物。

zhèxiē 这些　これら。"些"は複数を表す。

zīliào 资料　名 資料。データ。

jiàn / miàn 见面　動 会う。…と会う。"跟 … 见面"。★"见面他"とは言わない。

jiāojiē 交接　動 1．引き継ぐ。2．連絡する。

dàifu 大夫 [名] 医者。

jiùhuó le 救活了 助けて生き返らせた。助けた。救助した。

Zhōu 周 [名] 周。("周" は中国人の姓)

tōule 偷了 [動] 盗んだ。

xìnyòngkǎ 信用卡 [名] クレジットカード。

dàoshuā 盗刷 [動] スキミングする。

piànle 骗了 [動] だました。

zìxíngchē 自行车 [名] 自転車。

dàyǔ 大雨 [名] 大雨。

línshī 淋湿 [動] びっしょりぬれる。

píngbǎn diànnǎo 平板电脑 [名] タブレット。

Xiǎo Yáng 小杨 楊さん。("楊" は中国人の姓)

názǒu le 拿走了 持って行く。持って去った。持って行ってしまった。

míyǔ 谜语 [名] なぞなぞ。

cāi / zháo le 猜着了 当てた。

pīpíng 批评 [動] 批評する。批判する。[名] 批評。批判。

cuī 催 [動] うながす。催促する。急き立てる。

Lǎo Zhào 老赵 趙さん。("趙" は中国人の姓)

yúkuài 愉快 [形] 愉快である。楽しい。

bèi kèwén 背课文 教科書の本文を暗記する。

qǐng 请 [動] 1. 依頼する。頼む。2. おごる。ごちそうする。招待する。3. どうか。どうぞ…してください。

pài 派 [動] 派遣する。

fēnfu 吩咐 [動] 言いつける。指図する。

dǎfa 打发 [動] 派遣する。行かせる。

yāoqiú 要求 [動] 要求する。求める。

yāo 要 [動] 求める。願う。強いる。

bāngzhù 帮助 [動] 手伝う。助ける。

xuǎn 选 [動] 選ぶ。

quàn 劝 [動] 勧める。勧告する。

yǔnxǔ 允许 [動] 許す。許可する。

zhǔn 准 [動] 許す。許可する。

róngxǔ 容许 [動] 許す。認める。

Wáng 王 [名] 王。("王" は中国人の姓)

yīshēng 医生 [名] 医者。

gǔshíhou 古时候 昔。

shīrén 诗人 [名] 詩人。

Lǐ Bái 李白 [名] 李白。(盛唐の詩人)

cānzhuō 餐桌 [名] 食卓。食事をするテーブル。

pán 盘 [助数] …皿。

píbāo 皮包 [名] 革鞄。手提げカバン。

yuànyì 愿意 [助動] …したいと願う。[動] 願う。

báitóu xiélǎo 白头偕老 [成] 白髪になるまで夫婦が仲良く連れ添う。

hànbǎobāo 汉堡包 [名] ハンバーグ。

bǐsà 比萨 [名] ピザ。

règǒu 热狗 [名] ホットドック。

niánjì 年纪 [名] 年齢。

yǐhòu 以后 [名] 以後。

kǒuwèir 口味儿 [名] 味。味覚。

biàn 变 [動] 変わる。変える。

Ōuyáng 欧阳　[名] 欧陽。("欧阳" は中国人の姓)

zìjǐ 自己　[代] 自分。自己。自身。

fāzhǎn 发展　[動] 発展する。[名] 発展。

xiàqu 下去　(動詞の後ろについて)…し続けていく。…し続ける。

zuò / bì 作弊　[動] 不正行為をする。カンニングをする。

kāichú 开除　[動] やめさせる。除名する。

Liánhéguó 联合国　[名] 国際連合。国連。

qīngdàn 清淡　[形] あっさりしている。

jǐn 紧　[形] きつい。

jiā / bān 加班　[動] 残業する。

zhuàng 撞　[動] ぶつかる。出会う。

zhòngshāng 重伤　[名] 重傷。

gǎndòng 感动　[動] 感動する。

tuījiàn 推荐　[動] 推薦する。

yù / dào 遇到　[動] 出会う。ぶつかる。

chēhuò 车祸　[名] 交通事故。

jiùhùchē 救护车　[名] 救急車。

Lìli 莉莉　[名] 莉莉。人名。

bù hǎoyìsi 不好意思　[形] 恥ずかしく思う。申し訳ない。すまない。きまり悪い。

diūshī 丢失　[動] 失くす。失う。紛失する。

fāxiàn 发现　[動] 発見する。見つける。気づく。

gǎnxiè 感谢　[動] 感謝する。[名] 感謝。

wǎngluò 网络　[名] インターネット。

rénlèi 人类　[名] 人類。

biànhuà 变化　[名] 変化。[動] 変化する。

第 23 課

nǐ xiǎng chī shénme, jiù kěyǐ chī shénme.
你 想 吃 什么, 就 可以 吃 什么。

簡体字
317

Māma wǒ dùzi è le.
A: 妈妈, 我 肚子 饿 了。

Nǐ xiǎng chī shénme, jiù kěyǐ chī shénme.
B: 你 想 吃 什么, 就 可以 吃 什么。

Wǒ yào chī shuǐjiǎo.
A: 我 要 吃 水饺。

Xǐhuan shénme xiànr de? Hǎixiān de, háishi zhūròu de?
B: 喜欢 什么 馅儿 的? 海鲜 的, 还是 猪肉 的?

Dōu xǐhuan. Māma zuò de shuǐjiǎo, shénme xiànr de dōu hàochī.
A: 都 喜欢。妈妈 做 的 水饺, 什么 馅儿 的 都 好吃。

Zuǐ zhēn tián, hǎo, wǒ gěi nǐ bāo.
B: 嘴 真 甜, 好, 我 给 你 包。

....

Nǐ yǒu duō gāo?
A: 你 有 多 高?

Wǒ yǒu yì mǐ qī shí.
B: 我 有 一 米 七(十)。

Nǐ yǒu duō zhòng?
A: 你 有 多 重?

Wǒ yǒu liùshí gōngjīn.
B: 我 有 六十 公斤。

....

（2022年11月28日のレート）

Jīntiān de páijià zěnmeyàng? Yì měiyuán dàgài duōshao rìyuán?
A: 今天 的 牌价 怎么样? 一 美元 大概 多少 日元?

Huìlǜ shì duōshao?
汇率 是 多少?

Yì měiyuán yì bǎi sānshí bā diǎnr jiǔ èr rìyuán.
B: 一 美元 一三八.九二 日元。

Nàme, rénmínbì yì yuán, duōshao rìyuán?
A: 那么, 人民币 一元, 多少 日元?

Shíjiǔ diǎnr sān jiǔ rìyuán.
B: 19.39 日元。

Māma wǒ dùzi è le.
A： 媽媽 我 肚子 餓 了。

Nǐ xiǎng chī shénme, jiù kěyǐ chī shénme.
B： 你 想 吃 什麼，就 可以 吃 什麼。

Wǒ yào chī shuǐjiǎo.
A： 我 要 吃 水餃。

Xǐhuan shénme xiànr de? Hǎixiān de, háishi zhūròu de?
B： 喜歡 什麼 餡兒 的？海鮮 的，還是 豬肉 的？

Dōu xǐhuan. Māma zuò de shuǐjiǎo, shénme xiànr dōu hàochī.
A： 都 喜歡。媽媽 做 的 水餃，什麼 餡兒 都 好吃。

Zuǐ zhēn tián hǎo, wǒ gěi nǐ bāo.
B： 嘴 眞 甜，好，我 給 你 包。

....

Nǐ yǒu duō gāo?
A： 你 有 多 高？

Wǒ yǒu yì mǐ qī (shí) .
B： 我 有 一 米 七（十）。

Nǐ yǒu duō zhòng?
A： 你 有 多 重？

Wǒ yǒu liùshí gōngjīn.
B： 我 有 六十 公斤。

....

（2022年11月28日のレート）

Jīntiān páijià zěnmeyàng? Yì měiyuán dàgài duō shǎo rìyuán?
A： 今天 牌價 怎麼樣？一 美元 大概 多 少 日圓？

Huìlǜ shì duōshao?
匯率 是 多少？

Yì měiyuán yì bǎi sānshi bā diǎnr jiǔ èr rìyuán.
B： 一 美元 138.92 日圓。

Nàme, rénmínbì yì yuán, duōshǎo rìyuán?
A： 那麼，人民幣 一 元，多少 日圓？

Shíjiǔ diǎnr sān jiǔ rìyuán.
B： 19.39 日圓。

180

文 法

1　疑問詞の呼応表現——連鎖文

中国語で前の文、後の文にそれぞれ同一の疑問詞を用いた文がある。

前の文の疑問詞で、任意の人・事物・方法・数量などを示し、後の疑問詞でそれを受けて説明する文のことである。

🎧 318

Nǐ xiǎng qù nǎr, jiù qù nǎr.
你 想 去 哪儿，就 去 哪儿。

Nǐ xǐhuan nǎge, jiù tiāo nǎge.
你 喜欢 哪个，就 挑 哪个。

Nǐ xiǎng hē shénme, jiù hē shénme.
你 想 喝 什么，就 喝 什么。

2　疑問詞の特殊用法

（a）任意の人・事物・場所・方式を指す場合　🎧 319

副詞"也""都"とともに用い、その範囲内では例外がないことを示す。

Zuòzài nǎr hǎo ne? Nǎr dōu xíng.
坐在 哪儿 好 呢？ 哪儿 都 行。

Shéi yě bù zhīdào tā qù nǎr le.
谁 也 不 知道 他 去 哪儿 了。

Zhè jǐ jiàn máoyī, nǎ jiàn dōu bú tài héshì.
这 几 件 毛衣，哪 件 都 不 太 合适。

（b）不特定の人・事物・場所・性状・数量を示す場合　🎧 320

Wǒ xiǎng chī diǎnr shénme.
我 想 吃 点儿 什么。

Wǒ hǎoxiàng zài nǎr jiànguo nín.
我 好像 在 哪儿 见过 您。

Qǐngwèn, wǒ yǒu shénme zuòde bù hǎo de dìfang ma?
请问，我 有 什么 做得 不 好 的 地方 吗？

3　100以上の数の言い方

🎧 321

100：	yì bǎi 一百	1000：	yì qiān 一千
200：	èr bǎi liǎng bǎi 二百，两百	2000：	èr qiān liǎng qiān 二千，两千
201：	èr bǎi líng yī 二百 零 一	4001：	sìqiān líng yī 四千 零 一
510：	wǔ bǎi yī shí 五百 一（十）	4020：	sìqiān líng èr shí 四千 零 二十
330：	sān bǎi sān shí 三百 三（十）	10000：	yíwàn 一万

4　小数点の言い方

		🎧 322
3.14	sān diǎnr yī sì 三　点　一　四	
0.827	líng diǎnr bā èr qī 零　点　八　二　七	
27.31	èrshiqī diǎnr sān yī 二 十 七　点　三 一	

★小数点は、"点"とアル化して読む。
_{diǎnr}

5　パーセント

		🎧 323
87%	bǎi fēn zhī bāshiqī 百　分　之　八 十 七	
90%	bǎi fēn zhī jiǔ shí 百　分　之　九 十	

6　加減乗除

		🎧 324
4 + 8 = 12	sì jiā bā děngyú shíèr 四　加　八　等于　十 二	
9 − 6 = 3	jiǔ jiǎn liù děngyú sān 九　减　六　等于　三	
5 × 6 = 30	wǔ chéng liù děngyú sān shí 五　乘　六　等于　三 十	
30 ÷ 3 = 10	sān shí chú sān děngyú shí 三 十　除　三　等于　十	

I 音声を聞いて、日本語に訳しましょう。　🎧 325

❶ ....

❷ ....

❸ ....

❹ ....

❺ ....

❻ ....

❼ ....

❽ ....

II 正しい語順になるように並べ替えましょう。

❶ 日本の消費税の税率はどのくらいですか？
duōshao　xiāofèishuì　de　Rìběn　shuìlǜ　shì
（多少，消費税，的，日本，税率，是）

....

❷ あなたが行きたいと思うところに（どこでも）行きなさい。
nǎr　nǎr　xiǎng qù　jiù qù　nǐ
（哪儿，哪儿，想去，就去，你）

....

❸ 150プラス220の（合計は）いくつですか？
yìbǎi wǔ　duōshao　jiā　děngyú　　　èr bǎi èr
（一百五，多少，加，等于，？，两百二）

....

❹ 飛行機は13時に離陸します。12時半に搭乗開始です。

  qǐ fēi shísāndiǎn shí'èrdiǎnbàn dēngjī kāishǐ fēijī

（起飞，13点，12点半，登机，开始，飞机）

❺ 私は財布を忘れました。どうか1万円かしていただけませんか？

 wàngle le wǒ qiánbāo yí wàn kuài jiègěi wǒ hǎo ma rìyuán qǐng

（忘了，了，我，钱包／？，一万块，借给我，好吗，日元，请）

❻ あなたの就職活動について、あなたが思うとおりに（やりたいように）行いなさい。

zhǎo gōngzuò guānyú de shì zěnme zuò zěnme zuò xiǎng nǐ jiù

（找工作，关于，的，事／怎么做，怎么做，想，你，就）

新出単語

💬 会話

xiànr 馅儿 [名] あん。（餃子の具、中身）

hǎixiān 海鲜 [名] 海鮮。

zhūròu 猪肉　豚肉。

bāo jiǎozi 包饺子　餃子を包む。

zuǐ / tián 嘴甜 [形] 口がうまい。（マイナスの意味）

zhēn 真 [副] 本当に。

duō gāo 多高　どのくらいの高さ。

duō zhòng 多重　どのくらいの重さ。

gōngjīn 公斤 [名] キログラム。kg。

páijià 牌价 [名] 外国為替レート。公定相場。

měiyuán 美元 [名] ドル。

dàgài 大概 [副] 大体。おおよそ。

rìyuán 日元 [名] 日本円。

huìlù 汇率 [名] 兑换率。為替レート。交換比率。

diǎnr ・ [名] 点。（レートや小数点はアル化して読むことが多い。）

rénmínbì 人民币 [名] 人民元。

📖 文法

tiāo 挑 [動] 選ぶ。

xíng 行 [形] 良い。了解。わかった。相手の言うことに同意する。

héshì 合适 [形] ふさわしい。適当である。

hǎoxiàng 好像 [動][副] まるで…のようである。

bǎi 百 [名] 百。

líng 零 [名] ゼロ。

qiān 千 [名] 千。

wàn 万 [名] 万。

bāi fēn zhī 百分之　百分の…。％（パーセント）。

jiā 加　動 加える。

děngyú 等于　動 等しい。＝　イコール。

jiǎn 减　動 －　引く。

chéng 乘　動 ×　かける。

chú 除　動 ÷　割る。

érzi 儿子　名 息子。

yéye 爷爷　名 祖父。（父方の）おじいさん。

cāntīng 餐厅　名 レストラン。

xiǎofèi 小费　名 チップ。

shuìjīn 税金　名 税金。

bèi 倍　助数 倍。

… duōshao … duōshao …多少…　多少　疑 どのくらい。どれだけ。

mòbānchē 末班车　名 終電。最終バス。最終の時間の乗り物。

gǎnbushàng 赶不上　間に合わない。

jí / gé 及格　動 合格する。試験に受かる。

jígélǜ 及格率　名 合格率。

xiāofèishuì 消费税　名 消費税。

shuìlǜ 税率　名 税率。

qǐfēi 起飞　動 離陸する。

dēngjī 登机　動 飛行機に搭乗する。

zhǎo gōngzuò 找工作　就職活動をする。

Jìrán zánmen dōu yǒu jùtǐ de mùbiāo,
既然 咱们 都 有 具体 的 目标,
jiù hǎohāor nǔlì.
就 好好儿 努力。

会 話 🗨️

🎧 326

簡体字

Nǐ dǎsuan xué shénme zhuānyè?
A: 你 打算 学 什么 专业?

Wǒ yào xué jīngjì.
B: 我 要 学 经济。

Wǒ xīwàng jiānglái zuò jīnróng lèi de gōngzuò, suǒyǐ yě dǎsuan xué jīngjì.
A: 我 希望 将来 做 金融 类 的 工作, 所以 也 打算 学 经济。

Wǒ yào xué jīngyíng.
C: 我 要 学 经营。

Wèi shénme?
A: 为 什么?

Wǒ duì jīngyíngxué hěn gǎn xìngqù, lìngwài, yě yào jìchéng jiāyè.
C: 我 对 经营学 很 感 兴趣,另外, 也 要 继承 家业。

Jìrán zánmen dōu yǒu jùtǐ de mùbiāo, jiù hǎohāor nǔlì.
A: 既然 咱们 都 有 具体 的 目标,就 好好儿 努力。

Qīdài mèngxiǎng chéngzhēn.
期待 梦想 成真。

繁體字

Nǐ dǎsuan xué shénme zhuānyè?
A: 你 打算 學 什麼 專業?

Wǒ yào xué jīngjì.
B: 我 要 學 經濟。

Wǒ xīwàng jiānglái zuò jīnróng lèi de gōngzuò, suǒyǐ yě dǎsuan xué jīngjì.
A: 我 希望 將來 做 金融 類 的 工作,所以 也 打算 學 經濟。

Wǒ yào xué jīngyíng.
C: 我 要 學 經營。

Wèi shénme?
A: 為 什麼?

Wǒ duì jīngyíngxué hěn gǎn xìngqù. lìngwài, yě yào jìchéng jiāyè.
C: 我 對 經營學 很 感 興趣。另外, 也 要 繼承 家業。

Jìrán zánmen dōu yǒu jùtǐ de mùbiāo, jiù hǎohāor nǔlì.
A: 既然 咱們 都 有 具體 的 目標,就 好好兒 努力。

Qīdài mèngxiǎng chéngzhēn.
期待 夢想 成眞。

単文がふたつ、またはふたつ以上対等の関係で並び、しかも接続詞または副詞で連結された文を
複文という。

1 "因为..., 所以..."
Yīnwei ... suǒyǐ ...

「…なので、だから…」 因果関係を表す。 🎧 327

Yīnwei wǒ yào zhǔnbèi shàngkè, suǒyǐ qù túshūguǎn zhǎo zīliào.
因为 我 要 准备 上课, 所以 去 图书馆 找 资料。

Yīnwei wǒ gǎnmào le, suǒyǐ qiántiān méi lái shàngkè.
因为 我 感冒 了, 所以 前天 没 来 上课。

Zuótiān wǒ méi qù zhǎo nǐ, yīnwei hái yǒu bié de shì.
昨天 我 没 去 找 你, 因为 还 有 别 的 事。

Yīnwei tā màle wǒ, suǒyǐ wǒ bù tīng tā de.
因为 他 骂了 我, 所以 我 不 听 他 的。

2 "虽然..., 但是..."
Suīrán ... dànshì ...

「…だけれども、しかし…」 事実を認めたうえで逆接を表す。 🎧 328

Suīrán tā zìjǐ méiyǒu běnshi, dànshì tā yǒu hòumén.
虽然 他 自己 没有 本事, 但是 他 有 后门。

Suīrán tā nǎozi hěn hǎo, kěshì shēntǐ bú tài lǐxiǎng
虽然 他 脑子 很 好, 可是 身体 不 太 理想。

Suīrán tā zhǎngde hěn shuài, kěshì píqi bú nàme hǎo.
虽然 他 长得 很 帅, 可是 脾气 不 那么 好。

Suīrán tā zhīdao chōu yān duì shēntǐ bù hǎo, kěshì zěnme yě jièbuliǎo.
虽然 他 知道 抽 烟 对 身体 不 好, 可是 怎么 也 戒不了。

3 "要是...的话, 就..." / "如果..."
Yàoshi ... dehuà jiù ... rúguǒ

「もし…ならば、…」 仮定を表す。 🎧 329

Rúguǒ nǐ pèngdào zhè zhǒng qíngkuàng, huì zěnme bàn?
如果 你 碰到 这 种 情况, 会 怎么 办?

Rúguǒ nǐ shìxiān gàosu le tā, jiù bú huì fāshēng zhè zhǒng shìgù le.
如果 你 事先 告诉 了 他, 就 不 会 发生 这 种 事故 了。

Yàoshi yǒu wèntí, jiù zìjǐ xiān cháyichá. Rúguǒ háishi bù qīngchu jiù wènwen lǎoshī.
要是 有 问题, 就 自己 先 查一查。 如果 还是 不 清楚, 就 问问 老师。

Yàoshi nǐ xǐhuan zhè běn shū, wǒ jiù sònggěi nǐ ba.
要是 你 喜欢 这 本 书, 我 就 送给 你 吧。

Yàoshi nǐ qù Běijīng de huà, yīnggāi qù Wàn Lǐ Chángchéng.
要是 你 去 北京 的 话, 应该 去 万 里 长城。

4 "只要…, 就…"／"只有…, 才…"
　　Zhǐyào …　jiù …　Zhǐyǒu …　cái …

「…しさえすれば、…」「…だけが、…」　ある条件が整えば、結果が出せることを表す。

"只有"は唯一の条件である。　🎧 330
　zhǐyǒu

> *Zhǐyào　zuò　shǒushù,　nǐ　zhè　bìng　jiù　néng　hǎo.*
> 只要　做　手术，你　这　病　就　能　好。
> *Zhǐyǒu　zuò　shǒushù,　nǐ　zhè　bìng　cái　néng　hǎo.*
> 只有　做　手术，你　这　病　才　能　好。

> *Zhǐyào　nǔlì,　yídìng　néng　kǎoshàng　dàxué.*
> 只要　努力，一定　能　考上　大学。
> *Zhǐyǒu　nǔlì,　cái　néng　kǎoshàng　dàxué.*
> 只有　努力，才　能　考上　大学。

5 "就是…, 也…"／"即使…, 也…"
　　Jiùshì …　yě …　Jíshǐ …　yě …

「たとえ…でも、…」　仮定の条件と譲歩を表す。　🎧 331

> *Jiùshì　tiānqì　bù　hǎo,　yě　yào　qù.*
> 就是　天气　不　好，也　要　去。
> *Jíshǐ　duì　bú　rènshi　de　rén,　yě　yào　yǒu　lǐmào.*
> 即使　对　不　认识　的　人，也　要　有　礼貌。

> *Jíshǐ　gōngzuò　hěn　máng,　yě　yào　xiūxi　yì　tiān.*
> 即使　工作　很　忙，也　要　休息　一　天。
> *Jíshǐ　nǐ　hǎohāor　gēn　tā　jiǎng,　tā　yě　tīngbujìnqù.*
> 即使　你　好好儿　跟　他　讲，他　也　听不进去。

6 "不但…, 而且…"
　　Búdàn …　érqiě …

「…であるばかりでなく、しかも…」　前述したことに、もうひとつ追加することを表す。

"不但"は"不仅"でもよい。　🎧 332
　búdàn　*bùjǐn*

> *Búdàn　dàren　dōu　zhīdao,　érqiě　xiǎoháir　yě　zhīdao.*
> 不但　大人　都　知道，而且　小孩儿　也　知道。
> *Zhè　jiàn　yīfu　búdàn　hǎokàn,　érqiě　jiàqián　yě　piányi.*
> 这　件　衣服　不但　好看，而且　价钱　也　便宜。
> *Xiànzài　búdàn　yào　xuéhǎo　zìjǐ　de　zhuānyè,　érqiě　hái　yào　xuéhuì　diànnǎo.*
> 现在　不但　要　学好　自己　的　专业，而且　还　要　学会　电脑。

> *Chén　lǎoshī　búdàn　jièle　jiǔ,　érqiě　hái　jièle　yān.*
> 陈　老师　不但　戒了　酒，而且　还　戒了　烟。
> *Zhè　zhī　xiǎogǒu,　búdàn　kěài,　érqiě　kěyǐ　zài　jiālǐ　yǎng,　búyòng　dài　tā　qù　sànbù.*
> 这　只　小狗，不但　可爱，而且　可以　在　家里　养，不用　带　它　去　散步。

"既然..., 就..."
_{Jìrán} ... _{jiù} ...

「…である以上、…」 実現または確実になった事実にもとづき、推測を表す。

"就"は"也"でも"还"でもよい。 🎧 333

_{jiù} _{yě} _{hái}

Jìrán	tā	yídìng	yào	qù,	wǒ	yě	bù	fǎnduì.
既然	他	一定	要	去,	我	也	不	反对。

Jìrán	bù	míngbai,	jiù	qù	wènwen	biéren,	búyào	hàixiū.
既然	不	明白,	就	去	问问	别人,	不要	害羞。

Jìrán	xuéguo	Hànyǔ,	jiù	yīnggāi	zhǎo	yí	fèn	yòngdeshàng	Hànyǔ	de	gōngzuò.
既然	学过	汉语,	就	应该	找	一	份	用得上	汉语	的	工作。

Jìrán	shìjiè	biànhuà	zhème	kuài,	wǒmen	jiù	gèng	yīnggāi	nǔlì	le.
既然	世界	变化	这么	快,	我们	就	更	应该	努力	了。

Ⅰ 音声を聞いて、日本語に訳しましょう。 🎧 334

❶

❷

❸

❹

❺

❻

❼

❽

❾

❿

⓫

Ⅱ 正しい語順になるように並べ替えましょう。

❶ 彼はコロナウイルスに感染したので、一週間授業に出席できなくなりました。
xīnguàn bìngdú gǎnlǎn le tā yīnwei yí ge xīngqī suǒyǐ bù néng shàng kè
（新冠病毒，感染 了，他，因为 / 一个星期 所以，不能，上课）

❷ コロナ禍の時、たとえあなたが外国に留学に行きたいと思っても、難しいです。
yě yǒu kùnnan de shíhou liúxué jiùshì yánzhòng nǐ yìqíng xiǎng qù
（也有困难，的时候，留学，就是，严重，你，疫情，想去）

❸ もし彼は奨学金を獲得することができなければ、大学に通うことはできません。

jiǎngxuéjīn　shàng dàxué　jiù　yàoshi　bù néng　tā　méi you　dédào
（奖学金，上大学，就，要是，不能，他，没有，得到）

---

❹ 彼女は音楽に関心があります。しかも音感も非常に良いです。しかし音大に行かなかったのは残念です。

suīrán　érqiě　duì yīnyuè　tā　hěn gǎn xìngqù　yuègǎn fēicháng hǎo　yě　hěn kěxī　dànshì
（虽然，而且，对音乐，她，很感兴趣，乐感，非常好，也／很可惜，但是，
yīnyuè dàxué　méi shàng
音乐大学，没上）

---

❺ 彼はボランティアに参加したばかりでなく、寄付をしました。

érqiě　yìgōng　tā　búdàn　juān le kuǎn　hái　cānjiā
（而且，义工，他，不但，捐了款，还，参加）

---

❻ 平和に生活していくことさえできれば、満足です。

mǎnyì　néng　zhǐyào　le　píngpíng'ān'ān de　xiaqu　shēnghuó　jiù
（满意，能，只要，了，平平安安地，下去，生活，就）

新出単語

💬 会話

jīngjì 经济　[名]経済。

Jīnróng lèi 金融类　金融業界。

jīngíyng 经营　[動]経営する。[名]経営。

búdàn 不但...而且　[接]…であるばかりでなく、しかも…。

duì 对　[前]…に対して。…について。

gǎn xìngqu 感兴趣　関心を持つ。興味を持つ。

jìchéng 继承　[動]受けつぐ。継承する。相続する。

jiāyè 家业　[名]家業。世襲の職業。家産。

jùtǐ 具体　[形]具体的な。

mùbiāo 目标　[名]目標。ターゲット。

qīdài 期待　[動]期待する。願う。

mèng xiǎng chéng zhēn 梦想成真　夢が現実になる。

yīnwei ... suǒyǐ ... 因为 ... 所以 ...
…なので、だから…（原因と結果、因果関係を表す）

gǎnmào 感冒 [動]風邪をひく。[名]風邪。

mà 骂 [動]罵る。

bù tīng tāde 不听他的 彼の言うことを聞かない。

suīrán ... dànshi ... 虽然 ... 但是...
だけれども、しかし…。

běnshi 本事 [名]能力。腕前。技量。

méiyǒu běnshi 没有本事 能力がない。

hòumén 后门 [名]裏口　裏門。("走后门"：
裏取引をする。裏口から入る)

nǎozi 脑子 [名]脳。頭脳。

lǐxiǎng 理想 [名]理想。夢。

zhǎng 长 [動]成長する。育つ。

shuài 帅 [形]カッコいい。

píqi 脾气 [名]1. 気質。性質。気性。2. かんしゃく。

jièbuliǎo 戒不了 止めることができない。

yàoshi ... dehuà 要是 ... 的话 もし…ならば。

chá 查 [動]調べる。

fāshēng 发生 [動]発生する。[名]発生。

Wàn Lǐ Chángchéng 万里 长城 万里の長城。

zhǐyào ... jiù ... 只要 ... 就... [接]…しさえすれば、すぐ。

zhǐyǒu ... cái ... 只有 ... 才 ...
[接]…、ただ…だけが…。…してはじめて…。

shǒuxù 手术 [名]手術。

kǎo / shàng 考上 （試験に）合格する。受かる。

jiùshì ... yě ...就是 ... 也 [接]たとえ…でも。

bú rènshi 不认识 知らない。

tīngbujìnqù 听不进去 耳に入らない。聞き入れない。

lǐmào 礼貌 [名]礼儀。

duìdài 对待 [動]対応する。[名]対応。

búdàn ... érqiě ... 不但 ... 而且 ...
…であるばかりでなく…。

dàren 大人 [名]大人。

jiàqián 价钱 [名]値段。

jiè / jiǔ 戒酒 お酒を止める。禁酒する。

jiè / yān 戒烟 煙草を止める。禁煙する。

zhī 只 [助数]動物を数える。

xiǎogǒu 小狗 小さい犬。

kě'ài 可爱 [形]可愛い。かわいらしい。

yǎng 养 [動]飼う。養う。飼育する。養育する。栽培する。育てる。

jìrán ... jiù ... 既然 ... 就 ... …である以上…。

fǎnduì 反对 [動]反対する。

hài / xiū 害羞 [動]恥ずかしがる。きまりが悪い。

shìjiè 世界 [名]世界。ワールド。

dǎ 打 [動]殴る。打つ。

cái néng ... 才 能... やっと、はじめて…できる。

cáinéng 才能 [名]才能。

xiǎotíqín 小提琴 [名]バイオリン。

guójì 国际 [名]国際。インターナショナル。

màoyì 贸易 [名]貿易。

kuàguó gōngsī 跨国公司 [名]多国籍企業。

jiù / yè 就业 [動]就職する。[名]就職。

yíhàn 遗憾 [形]残念である。遺憾に思う。

zhǔnshí 准时 [形]時間通りに。定刻に。

gàn 干 [動] する。行う。やる。

zhòngyào 重要 [形] 重要だ。

xīnguàn bìngdú 新冠病毒 [名] 新型コロナ
ウイルス。COVID-19。

gǎnrǎn 感染 [動] 感染する。

kùnnan 困难 [形] 困難である。難しい。
[名] 困難。

jiǎngxuéjīn 奖学金 [名] 奨学金。

yuègǎn 乐感 [名] 音感。

kěxī 可惜 [形] 残念だ。惜しい。

yì gōng 义工 [名] ボランティア。

juānkuǎn 捐款 [動] 金を寄付する。
[名] 寄付金。

píng'ān 平安 [形] 平穏無事な。平安な。"平
平安安" AABB 型形容詞。

... de ...地 [助] 動詞を修飾する副詞を作る。
…に。

shēnghuó 生活 [動] 生活する。[名] 生活。

mǎnyì 满意 [動] 満足する。

第25課

Chúle wàiyǔ, hái yào zhòngshì zìjǐ de zhuānyè.
除了 外语，还 要 重视 自己 的 专业。
Wǒ dǎsuan yìbiān xué Yīngyǔ, yìbiān xué jīngyíng.
我 打算 一边 学 英语，一边 学 经营。

会 話

335

简体字

Wǒ juéde, Hànyǔ yuè xué yuè yǒu yìsi.
A: 我 觉得，汉语 越 学 越 有 意思。

Wǒ dǎsuan shǔjià qù Zhōngguó xué Hànyǔ.
B: 我 打算 暑假 去 中国 学 汉语。

Zhēn hǎo! Lián wǒ zhège Yīngyǔ zhuānyè de rén dōu xiǎng qù.
A: 真 好！连 我 这个 英语 专业 的 人 都 想 去。

Wǒ juéde chúle Yīngyǔ, Hànyǔ xuéxí yě hěn zhòngyào.
C: 我 觉得 除了 英语，汉语 学习 也 很 重要。

Nǐ shuōde duì, xué wàiyǔ, kěyǐ kuòdà shìyě,
A: 你 说得 对，学 外语，可以 扩大 视野，

jiéjiāo wàiguó péngyou.
结交 外国 朋友。

Rúguǒ xiǎng zài Liánhéguó gōngzuò, tīngshuō chúle xuéhǎo Yīngyǔ
B: 如果 想 在 联合国 工作，听说 除了 学好 英语

yǐwài, hái yào yǒu shuòshì yǐshàng de xuéwèi.
以外，还 要 有 硕士 以上 的 学位。

Kànlái, chúle wàiyǔ, hái yào zhòngshì zìjǐ de zhuānyè.
C: 看来，除了 外语，还 要 重视 自己 的 专业。

Shì a. Wǒ dǎsuan yìbiān xué Yīngyǔ, yìbiān xué jīngyíng.
B: 是 啊。我 打算 一边 学 英语，一边 学 经营。

A： Wǒ juéde, Hānyǔ yuè xué yuè yǒu yìsi.
我 覺得，漢語 越 學 越 有 意思。

B： Wǒ dǎsuan shǔjià qù Zhōngguó xué Hànyǔ.
我 打算 暑假 去 中國 學 漢語。

A： Zhēn hǎo! Lián wǒ zhège Yīngyǔ zhuānyè de rén dōu xiǎng qù.
眞 好！連 我 這個 英語 專業 的 人 都 想 去。

C： Wǒ juéde chúle Yīngyǔ, Hānyǔ xuéxí yě hěn zhòngyào.
我 覺得 除了 英語，漢語 學習 也 很 重要。

A： Nǐ shuōde duì, xué wàiyǔ, kěyǐ kuòdà shìyě,
你 說得 對，學 外語，可以 擴大 視野，

jiéjiāo wàiguó péngyou.
結交 外國 朋友。

B： Rúguǒ xiǎng zài Liánhéguó gōngzuò, tīngshuō chúle xuéhǎo Yīngyǔ yǐwài,
如果 想 在 聯合國 工作，聽說 除了 學好 英語 以外，

hái yào yǒu shuòshì yǐshàng de xuéwèi.
還 要 有 碩士 以上 的 學位。

C： Kànlái, chúle wàiyǔ, hái yào zhòngshì zìjǐ de zhuānyè.
看來，除了 外語，還 要 重視 自己 的 專業。

B： Shì a. Wǒ dǎsuan yìbiān xué Yīngyǔ, yìbiān xué jīngyíng.
是 啊。我 打算 一邊 學 英語，一邊 學 經營。

1 "除了... 以外，还／也／都"
<small>chúle　yǐwài　hái　yě　dōu</small>

「…以外は（…を除いて）、…」添加および排除の複文を作る。

（1）既知のもののほかに、新たにそれ以外のものを追加する意味を表す。　🎧336

> Chúle chī yào yǐwài, hái yào hǎohāor xiūxi.
> 除了 吃 药 以外，还 要 好好儿 休息。
>
> Chúle zhè zhǒng bànfǎ yǐwài, hái yǒu biéde bànfǎ.
> 除了 这 种 办法 以外，还 有 别的 办法。
>
> Tā chúle xìnggé kāilǎng, hái xǐhuan bāngzhù biéren.
> 他 除了 性格 开朗，还 喜欢 帮助 别人。

（2）特殊な例を除き、その他が一致することを表す。　🎧337

> Chúle tā yǐwài, wǒmen dōu méi qǔdé shuòshì xuéwèi.
> 除了 他 以外，我们 都 没 取得 硕士 学位。
>
> Chúle tā shì Běijīngrén, wǒmen dōu shì Shànghǎirén.
> 除了 他 是 北京人，我们 都 是 上海人。
>
> Chúle tā shì nèiháng, qítā rén dōu shì wàiháng.
> 除了 她 是 内行，其他 人 都 是 外行。

> Gōngsī li chúle tā yǐwài, dōu bú huì Hànyǔ.
> 公司 里 除了 他 以外，都 不 会 汉语。
>
> Chúle tā yǐwài, shuí yě méiyou chīguo Běijīng kǎoyā.
> 除了 他 以外，谁 也 没有 吃过 北京 烤鸭。

2 一..., 就... 「…すると、すぐ…」
<small>yī　jiù</small>

前後ふたつの動作や状況を関連付けたり、ある短い動作ですぐ結論や結果がでることを示す。　🎧338

> Tā dàxué yí bìyè, jiù huíguó le.
> 他 大学 一 毕业，就 回国 了。
>
> Tiān yī rè, tā shēntǐ jiù bù shūfu.
> 天 一 热，他 身体 就 不 舒服。
>
> Tā yī kǎowán shì, jiù chūqu wánr.
> 他 一 考完 试，就 出去 玩儿。

> Wǒ yì hē kāfēi, jiù tóuténg.
> 我 一 喝 咖啡，就 头疼。
>
> Tā yì nádàole jiàshǐ zhízhào, jiù mǎile chē.
> 他 一 拿到了 驾驶 执照，就 买了 车。

3　"越… 越…" ／ "越来越…"　「…すればするほど、ますます……」

Zhōngguócài yuè chī yuè hàochī.
中国菜 越 吃 越 好吃。

Hànyǔ yuè xué yuè yǒu yìsi.
汉语 越 学 越 有 意思。

Tā yuè jízhōng jīnglì, yuè jǐnzhāng.
他 越 集中 精力，越 紧张。

Wùjià zhǎngde yuè gāo, shēnghuó shuǐpíng jiù yuè dī.
物价 涨得 越 高，生活 水平 就 越 低。

Tā kāichē kāide yuè lái yuè kuài.
他 开车 开得 越 来 越 快。

4　"连…也／都"　「…でさえも…」

強調表現のひとつで、包含されるもののうち、極端な例を挙げて説明する。　

Lián nǐ dōu bù zhīdào, wǒ zěnme yě huì zhīdao ne.
连 你 都 不 知道，我 怎么 也 会 知道 呢。

Lián xiǎoxuéshēng yě néng huídá zhège wèntí.
连 小学生 也 能 回答 这个 问题。

Wǒ lián kàn bào de shíjiān dōu méiyǒu, jiǎnzhí mángsǐ le.
我 连 看 报 的 时间 都 没有，简直 忙死 了。

Yǒuxiē liúxuéshēng lián Rìyǔ gǔwén dōu kàndedǒng zhēn lìhai.
有些 留学生 连 日语 古文 都 看得懂，真 厉害。

Dàole wǎnshang, jiēshang lián rényǐng dōu kànbujiàn.
到了 晚上，街上 连 人影 都 看不见。

Tā zuìjìn xuéxí hěn máng, lián xīngqītiān dōu bù xiūxi.
他 最近 学习 很 忙，连 星期天 都 不 休息。

5　"与其…，不如…"　「…というよりは、…」

ふたつの動作・行為を比較した後、いずれか一方を選ぶ場合、この構文を用いる。　

Yǔqí tīng guǎngbō, bùrú kàn diànshì.
与其 听 广播，不如 看 电视。

Yǔqí nǐ qù, hái bùrú wǒ qù.
与其 你 去，还 不如 我 去。

Yǔqí dāizài jiālǐ, bùrú chūqu sànsan bù.
与其 呆在 家里，不如 出去 散散 步。

Yǔqí yǎng gǒu, bùrú yǎng māo, yīnwei māo búyòng dào wàibian sànbù.
与其 养 狗，不如 养 猫，因为 猫 不用 到 外边 散步。

"一边…　一边…" ／ "一方面…　一方面…"

<small>yìbiān　　yìbiān　　　　yìfāngmiàn　　yìfāngmiàn</small>

「…しながら、…する」

ふたつ以上の動作の同時進行を表す。 🎧 342

Wǒmen　yìbiān　tīng　lùyīn,　yìbiān　xuéxí　wàiyǔ.
我们　一边　听　录音，一边　学习　外语。

Tāmen　yìbiān　sànbù,　yìbiān　liáotiānr.
他们　一边　散步，一边　聊天儿。

---

wǒ　yìbiān　kàn　qìchē　dǎoháng　xìtǒng,　yìbiān　kāichē.
我　一边　看　汽车　导航　系统，一边　开车。

Yìfāngmiàn　yào　fāzhǎn　gōngyè,　yìfāngmiàn　yào　bǎohù　huánjìng.
一方面　要　发展　工业，一方面　要　保护　环境。

Yìfāngmiàn　zhùyì　shēntǐ　jiànkāng,　yìfāngmiàn　nǔlì　gōngzuò.
一方面　注意　身体　健康，一方面　努力　工作。

I 音声を聞いて、日本語に訳しましょう。　🎧 343

❶ _____

❷ _____

❸ _____

❹ _____

❺ _____

❻ _____

❼ _____

❽ _____

❾ _____

II 正しい語順になるように並べ替えましょう。

❶ 自分で外国語を勉強するよりは、先生について習った方が良い。

   yǔqí　　bùrú　　xuéxí wàiyǔ　xué wàiyǔ　　zìjǐ　　gēn lǎoshī
（与其，不如，学习外语，学外语，自己，跟老师）

_____

❷ 彼女は結婚したばかりでなく，しかも仕事も見つかり、ほんとうにふたつの喜びが
重なりました。

   búdàn　　tā　　jié le hūn　shuāng xǐ lín mén　gōngzuò　zhǎodào le　　érqiě　　yǒu　hái　zhēnshi
（不但，她，结了婚 / 双喜临门，工作，找到了，而且，有，还，真是）

_____

❸ 北京の四合院はますます少なくなりました。

   yuèlái　　sìhéyuàn　Běijīng de　shǎo le　　yuè
（越来，四合院，北京的，少了，越）

_____

❹ 彼は卒業した後、理想的な仕事を探すことができたばかりでなく、彼女も見つかりました。

búdàn　zhǎodào le　　bìyè yǐhòu　tā　lǐxiǎng de gōngzuò duìxiàng　érqiě　hái zhǎodào le
（不但，找到了，毕业以后，他，理想的工作／对象，而且，还找到了）

❺ 彼女は美を愛する。毎日美容体操をし、体がますますスマートになってきました。

ài měi　tā　shēncái　miáotiáo　tiāntiān　jiànměicāo　yuè lái yuè　liàn　le
（爱美，她／身材，苗条，天天，健美操，越来越，练，了）

❻ 彼は休日も休まないので、私たちは彼の体の健康を心配しています。

lián　dōu　bù xiūxī　tā　jiéjiàrì　shēntǐ jiànkāng wǒmen　hěn dānxīn　tā de
（连，都，不休息，他，节假日／身体健康，我们，很担心，他的）

❼ 日本に住む中華系の人々はますます多くなりました。

yuè lái　huárén　yuè duō le　shēnghuó de　zài　Rìběn
（越来，华人，越多了，生活的，在，日本）

❽ 自動翻訳に頼るより、まずは中国語の基本知識を身に付けましょう。

yǔqí　yīlài　zìdòng fānyì　bùrú　Zhōngwén jīchǔ　xuéxí　zhīshi　hǎohāor
（与其，依赖，自动翻译／不如，中文基础，学习，知识，好好儿）

新出単語

会話

shǔjià 暑假 　名 夏休み。

kuòdà 扩大 　動 拡大する。広がる。広げる。

shìyě 视野 　名 見識。視野。

jiéjiāo 结交 　動 付き合う。関係を結ぶ。

Liánhéguó 联合国 　名 国連

shuòshì 硕士 　名 修士。

xuéwèi 学位 　名 学位。

chúle ... yǐwài 除了 ... 以外 　1．…を除いて…である。2．…以外は皆…である。

yìbiān ... yìbiān ... 一边 ... 一边 ...
…しながら…する。

文法

chī yào 吃药 　薬を飲む。

biéde 别的 　代 別の。ほかの。

kāilǎng 开朗 　形 明朗である。広々としている。

bāngzhù 帮助 　動 助ける。

biéren 别人 　名 ほかの人。

nèiháng 内行 　名 玄人（くろうと）。

qítārén 其他人 　そのほかの人。

wàiháng 外行 　名 素人（しろうと）。

Běijīng kǎoyā 北京烤鸭 　北京ダック。

tóuténg 头疼 　形 頭が痛い。

yuè ... yuè ... 越 ... 越 ... 　…すればするほどますます。

zhǎng 涨 　動 上がる。上昇する。溢れる。高くなる。

shuǐpíng 水平 　名 レベル。水準。

dī 低 　形 低い。

lián ... yě ... 连 ... 也 ... 　…でさえも。

xiǎoxuéshēng 小学生 　名 小学生。

kànbào 看报 　新聞を読む。

jiǎnzhí 简直 　まるで…のようである。

mángsǐ 忙死 　ひどく忙しい。死ぬほど忙しい。（"死"は程度が甚だしいこと）

yǒuxiē 有些 　代 一部。ある。

Rìyǔ 日语 　名 日本語。

gǔwén 古文 　名 古典。古文。

lìhai 厉害 　形 きつい。ひどい。激しい。程度が甚だしいこと。

jiēshang 街上 　名 通り。街。（にぎやかな）大通り。

rényǐng 人影 　名 人影。

yǔqí ... bùrú ... 与其 ... 不如 ...
…というよりはむしろ…

tīng guǎngbō 听广播 　放送を聞く。

dāi 呆 　動 滞在する。留まる。

yǎng gǒu 养狗 　犬を飼う

yǎng māo 养猫 　猫を飼う

dǎoháng xìtǒng 导航系统 　名 カーナビ。（car navigation）

fāzhǎn 发展 　動 発展する。

gōngyè 工业 　名 工業。

bǎohù huánjìng 保护环境 　環境を保護する。

huàn 换 ［動］変わる。変える。変動する。

xīnqíng 心情 ［名］気持ち。心情。

dāi 待（呆） ［動］留まる。滞在する。

huācǎo 花草 名花と草。

shùmù 树木 ［名］樹木、木。

mápó dòufu 麻婆豆腐 ［名］麻婆豆腐。

dǎ bàngqiú 打棒球 野球をする。

àihào 爱好 ［名］趣味。

zīgé 资格 ［名］資格。

zhèngshū 证书 ［名］証明書。証書。

zhuānmén xuéxiào 专门学校 ［名］専門学校。

zhèngzhì 政治 ［名］政治。

huárén 华人 ［名］華人。中国系住民。中華系住民。広い意味で海外で暮らす中国系住民のことを指す。★居留国で出生し、その国の国籍を取得したチャイニーズを"华裔"（huáyì）という。

cānguǎn 餐馆 ［名］レストラン。

shuāngxǐ línmén 双喜临门 ［成］ふたつの喜びが重なってくる。二重のおめでた。

sìhéyuàn 四合院 ［名］四合院（北京の伝統的な建築様式）。

duìxiàng 对象 ［名］恋人。特定の関係の親しい人。婚約者。

ài / měi 爱美 ［動］美を愛する。おしゃれを好む。

liàn 练 ［動］練習する。

jiànměicāo 健美操 ［名］美容体操。エアロビクス。

shēncái 身材 ［名］体形。体つき。プロポーション。

miáotiáo 苗条 ［形］（体形が）ほっそりしている。スマートである。スリムである。

jiéjiàrì 节假日 ［名］祝祭日と休日。休暇となる祝祭日。

dānxīn 担心 ［動］心配する。気に掛ける。

yīlài 依赖 ［動］依頼する。頼る。あてにする。

zìdòng fānyì 自动翻译 自動翻訳をする。

jīchǔ 基础 ［名］基礎。基本。

zhīshi 知识 ［名］知識。

わかりやすい中国語

著　者

日本大学経済学部教授　鈴木基子
亜細亜大学経営学部教授　関口　勝

2023. 3.25　初版発行

発行者　井　田　洋　二

〒101-0062　東京都千代田区神田駿河台３の７
電話　東京03（3291）1676　FAX 03（3291）1675
発行所　振替　00190-3-56669番
E-mail：edit@e-surugadai.com
URL：http://www.e-surugadai.com

株式
会社　駿河台出版社

㈱フォレスト

ISBN978-4-411-03161-7　C1087　￥2600E